THÈSE

POUR LE DOCTORAT

PAR

Jacques BERRIAT SAINT PRIX

Avocat à la Cour Impériale de Paris.

VERSAILLES

BEAU Jne, IMPRIMEUR-ÉDITEUR

RUE DE L'ORANGERIE, 36.

1867

FACULTÉ DE DROIT DE PARIS.

DE LA

CONDITION DES FOUS ET DES PRODIGUES

DROIT ROMAIN

DU CONSEIL JUDICIAIRE

DROIT FRANÇAIS

THÈSE POUR LE DOCTORAT.

PAR

Jacques BERRIAT SAINT PRIX

Avocat à la Cour impériale de Paris

Qui sera soutenu le jeudi 21 février 1867, à 2 heures.

Président : M. PELLAT, Professeur.

SUFFRAGANTS :
MM. DUVERGER,
COLMET DE SANTERRE, } Professeurs.
BATBIE,
BEUDANT, } Agrégé.

Le Candidat répondra, en outre, aux questions qui lui seront faites sur les autres matières de l'enseignement.

VERSAILLES

BEAU JEUNE, IMPRIMEUR-LIBRAIRE,

RUE DE L'ORANGERIE, N° 36.

1867

A MON PÈRE.

DROIT ROMAIN.

DE LA CONDITION DES FOUS ET DES PRODIGUES.

Pour savoir quelle était à Rome la condition des fous et des prodigues, il suffit de connaître les mesures que la loi romaine avait prises pour les protéger. Elles étaient énergiques et efficaces : la loi ôtait aux fous et aux prodigues le droit de disposer de leurs biens, et elle leur nommait un curateur muni des pouvoirs les plus étendus.

Ces dispositions paraissent antérieures à la loi des Douze Tables ; elles furent développées et modifiées par les jurisconsultes, les magistrats et les empereurs. On pourvut à la curatelle de tous les prodigues ; on demanda aux curateurs des sûretés, on fixa les règles de leur administration, on définit leur autorité. Les jurisconsultes prirent soin de distinguer l'incapacité causée par la folie, de celle qui avait pour principe la prodigalité. Les empereurs abrogèrent les règles qui gênaient inutilement les fous et les prodigues, et ne laissèrent subsister que celles qui étaient destinées à les protéger. Enfin, l'empereur Léon le Philosophe voulut que les actes des prodigues fussent valables lorsqu'ils seraient sages et utiles. Nous nous proposons d'étudier d'abord la condition des fous et ensuite celle des prodigues ; nous rechercherons les modifications successives que subirent les règles primitives ; nous nous attacherons surtout à déterminer dans quelle mesure les jurisconsultes romains voulaient que la capacité des citoyens fût amoindrie par la folie et par la prodigalité.

I.

Nous trouvons dans Cicéron (*De invent.* 2, 50, *Ad Herenn.*, 1, 13) le paragraphe de la loi des Douze Tables qui règle l'incapacité du fou. Il le rapporte ainsi : *Lex est : Si furiosus escit agnatorum gentiliumque in eo pecuniaque ejus potestas esto.*

M. Pellat (*Manuale juris synopticum*, p. 705) a adopté le texte suivant : *Si furiosus est, adgnatorum gentiliumque in eo pecuniaque ejus potestas esto. — Ast ei custos nec escit.* Cette dernière phrase est tirée de Festus.

Les commentateurs ont senti toute la force de ces mots : *« Si furiosus est ; »* ils y ont vu la preuve que l'incapacité commençait avec la folie et finissait avec elle ; des textes nombreux montrent la justesse de cette interprétation. Le mot *potestas* a aussi fixé leur attention ; ils lui donnent ici le même sens que dans la définition de la tutelle (D. 26, 4, 1 pr.; Inst. 1, 13, § 1). La loi ne confère pas aux agnats un véritable droit de puissance sur le fou; elle les charge de le protéger et d'administrer sa fortune, sans leur donner les moyens de l'opprimer et de s'enrichir à ses dépens.

D'après plusieurs rescrits des empereurs Antonin, Marc-Aurèle et Commode (D. 1, 18, 13, § 1, 14), les parents du fou n'auraient pas le droit de lui ôter la liberté si sa folie n'était pas dangereuse.

Le mot *furiosus*, dont la loi se sert ici, a pour synonymes les mots *demens* et *mente captus*. Quelquefois, cependant, *furiosus* désigne le fou qui a des intervalles lucides, et *mente captus* celui qui ne doit jamais recouvrer la raison.

Quelquefois aussi, *mente captus* veut dire seulement faible d'esprit.

Les conséquences de la folie sont toujours les mêmes, qu'elle soit temporaire ou perpétuelle; l'homme privé de raison ne peut faire aucun acte juridique (D. 44, 7, 1, § 12). Cependant, sous les empereurs, il était utile de savoir si un fou avait des intervalles lucides. En effet, Marc-Aurèle, pour mettre fin aux discussions des jurisconsultes, ayant permis aux fils du *mente captus* de se marier sans le consentement de leur père (C. 5, 4, 25; Inst. 1, 10 pr.), les jurisconsultes doutèrent que l'on pût étendre cette permission aux fils du *furiosus*. La folie du *mente captus* étant perpétuelle, ses fils n'auraient jamais pu se marier si le consentement de leur père avait été nécessaire; les fils du *furiosus*, au contraire, pouvaient, à la rigueur, attendre que leur père eût un intervalle lucide. Justinien mit fin à cette controverse en accordant aux fils du *furiosus* la permission que Marc-Aurèle avait donnée aux fils du *mente captus*.

La folie n'enlevait à celui qu'elle frappait aucun de ses droits, elle en suspendait seulement l'exercice. Ainsi, le magistrat qui devenait fou conservait sa charge (D. 26, 5, 8, § 1), et le juge qui perdait la raison, après que le préteur l'avait désigné aux parties, gardait son office (D. 5, 1, 46). Paul ajoute cependant que ce juge doit être remplacé.

Paul et Papinien ont, tous deux, prévu le cas où le préteur nommerait juge un fou. Au premier abord, ils semblent être d'un avis opposé sur la validité d'une semblable nomination. Paul dit, en effet (D. 5, 1, 12, § 2) : « Ceux qui ont le droit de nommer les juges ne peuvent » cependant nommer toute personne sans distinction. » La loi, la nature ou la coutume empêchent certains » individus d'être juges. Ainsi le sourd, le muet, l'impu- » bère et celui qui est perpétuellement furieux, ne peu- » vent naturellement être juges, car ils manquent de ju- » gement. »

Papinien dit, au contraire (D. 5, 1, 39 pr.) : « Lors- » qu'on nomme juge un furieux, il n'y aura pas moins » *judicium*, quoique aujourd'hui le juge ne puisse juger; » c'est-à-dire que la sentence qu'il rendra, lorsqu'il sera » revenu à la raison, sera valable; car au moment de la » désignation, la présence ni la science du juge ne sont » nécessaires. »

Pour concilier ces deux lois, il suffit de faire remarquer que Paul parle d'un fou qui n'a pas d'intervalles lucides : « *perpetuò furiosus,* » et que Papinien parle, au contraire, d'un fou qui a des intervalles lucides ; car il suppose qu'il jugera après avoir recouvré la raison. On comprend qu'il y ait un obstacle naturel à ce que le premier soit nommé juge, puisque jamais il ne pourra juger, tandis que le second, qui, peut-être, a des inter- valles lucides très-rapprochés, pourra être désigné sans inconvénient. Il suffit que le juge soit raisonnable et connaisse l'affaire au moment où il rend son jugement.

Les textes que nous avons cités montrent clairement que les fous conservaient les charges publiques qui leur avaient été confiées, et cependant nous pensons que la folie exemptait les décurions du service de la curie. A la vérité, nous ne pouvons apporter aucune loi formelle à l'appui de notre opinion. Mais Ulpien nous apprend (D. 27, 10, 6) que beaucoup de gens feignaient d'être fous pour pouvoir échapper aux charges publiques; or, la charge la plus lourde, c'était certainement la co..e. D'un autre côté, les constitutions impériales pi inent soin de dire que l'ignorance absolue, la cécité et même l'infamie n'exemptent pas de la curie (C. 10, 31, 6, 8), et ne disent rien de semblable pour la folie.

De même que la folie ne faisait perdre aucun droit politique, sauf peut-être le titre de décurion, dont personne ne se souciait; de même aussi elle laissait au fou tous ses droits civils et de famille. La folie ne rompt pas le mariage, nous dit Ulpien (D. 1, 6, 8). Bien plus, si le conjoint du furieux le répudie, il rompt le mariage par sa faute (D. 24, 3, 22, § 7, 8); on le traite comme ceux qui répudient leur époux sans motif: si c'est la femme, elle perd sa dot; si c'est le mari, on l'oblige à la restituer. Les peines du divorce injuste furent, du reste, très-souvent modifiées par les empereurs.

Pour que le conjoint d'un fou pût le répudier sans encourir la rigueur des lois, il fallait que la folie fût incurable et dangereuse, et que le conjoint sain d'esprit n'eût pas d'enfants (D. 24, 3, 22, § 7). Alors on considérait le mariage comme rompu sans la faute des épo.., et le mari rendait la dot.

Il arrivait souvent que le mari, pour échapper à cett.

obligation, ne répudiait pas sa femme, et profitait de sa folie pour dissiper la dot.

Les parents de la femme et son curateur s'adressaient alors au préteur afin qu'il obligeât le mari à fournir à sa femme des aliments et des secours proportionnés au chiffre de la dot (D. 24, 3, 22, § 8). Ce magistrat pouvait même ordonner que la dot fût séquestrée, à condition toutefois que l'on respectât les pactes dotaux. Enfin, comme la folle ne pouvait répudier son mari (C. 5, 70, 4), son père avait le droit de divorcer en son nom et de demander au mari la dot (D. 24, 3, 22, § 9).

L'empereur Léon le Philosophe (890) ordonna que, si une femme devenait folle sans que son mari y eût contribué par ses artifices et ses sortiléges, le mariage fût rompu si, au bout de trois ans, elle n'avait pas recouvré la raison. Si le mari avait, par méchanceté, rendu sa femme folle, il devait être enfermé dans un cloître (Léon Nov. 111). Dans une constitution qui paraît postérieure à celle-ci (Léon Nov. 112), l'empereur Léon porta à cinq ans le délai pendant lequel le mariage subsistait malgré la folie de l'un des époux. Il ordonna de plus que si on s'apercevait, le jour même du mariage, de la folie de l'un des conjoints, le mariage fût dissous immédiatement. Il en devait être de même si l'on s'en était aperçu avant la célébration du mariage. Le mariage ainsi rompu ne devait causer de préjudice ni au mari ni à la femme.

Les textes que nous venons de citer s'accordent parfaitement avec l'opinion de Julien, rapportée par Ulpien (D. 24, 2, 4). Julien dit que l'on peut répudier une femme folle, parce que on la considère seulement comme ignorant ce qui se passe; mais il ne dit pas que le mari qui répudie ainsi sa femme n'encourra pas les peines édictées contre ceux qui envoient injustement le *repudium*. C'était la crainte de ces châtiments qui seule empêchait le divorce dans ce cas. Pour que le mari en fût à l'abri, il fallait, au temps des jurisconsultes, que la folie de sa femme fût sans remède, et qu'il n'eût pas d'enfants, et, sous l'empereur Léon, que la folie eût duré sans interruption trois ans ou cinq ans.

La folie laisse subsister la puissance paternelle (D. 1, 6, 8); le furieux acquiert tout ce que gagne son fils. Il n'y a pas à distinguer si les enfants sont nés ou s'ils ont été conçus avant ou après la folie, ni si le père et la mère sont tous les deux fous; leur personne n'est pas diminuée et leurs droits restent intacts.

Jusqu'à Justinien, le fils du furieux ne pourra se marier sans le consentement de son père.

Le furieux conserve son autorité sur ses esclaves, il peut les faire enchaîner (Paul Sent., 4, 12, § 7); mais l'esclave qui a été enchaîné par ordre d'un maître furieux ne devient pas déditice lorsque plus tard il est affranchi.

Javolenus dit (D. 40, 1, 26) que l'esclave fou, de quelque façon qu'il soit affranchi, devient libre. Au premier abord, on pourrait croire qu'il s'agit d'un esclave qui aurait été abandonné par son maître, parce que sa folie le rendait inutile; mais en y réfléchissant, on voit que cette hypothèse est inadmissible. En effet, Javolenus rapporte l'opinion de Labéon qui vivait au temps d'Auguste, et nous savons que c'est Claude (D. 40, 8, 2) qui a ordonné que les esclaves abandonnés par leurs maîtres fussent libres. En second lieu, Javolenus parle d'un esclave affranchi, et l'esclave infirme abandonné par son maître devenait libre sans avoir été affranchi (D. 40, 8, 2). Nous sommes donc forcés de voir dans ce passage de Javolenus la trace d'un dissentiment qui aurait existé entre les anciens jurisconsultes sur la question de savoir si le maître d'un esclave fou pouvait le rendre libre en l'affranchissant. Du reste, nous n'hésitons pas à dire que si un maître avait abandonné son esclave parce qu'il était fou, cet esclave serait devenu libre en vertu de l'édit de Claude.

Des textes nombreux prévoient le cas où un fou aurait été nommé tuteur. Les jurisconsultes n'étaient pas d'accord : Proculus pensait que le testateur qui nommait tuteur un fou, devait ajouter : « Lorsqu'il sera devenu sain d'esprit ; » s'il le nommait purement et simplement, la disposition était nulle (D. 26, 2, 10, § 3). Pomponius croyait au contraire que la nomination était valable même dans ce cas, et que le fou serait tuteur lorsqu'il deviendrait raisonnable. C'est aussi l'avis de Paul (D. 26, 1, 11), et d'Ulpien. Justinien a suivi cette opinion dans les Institutes (Inst. 1, 14, § 2). Les jurisconsultes s'accordèrent pour sous-entendre la clause : « *cùm furere desierit,* » toutes les fois que le testateur avait donné la tutelle à un fou. On nommait un curateur qui administrait la fortune du pupille jusqu'au moment où le tuteur recouvrait la raison (D. 27, 1, 12). La folie n'était donc qu'une excuse temporaire de la tutelle (D. 27, 1, 12). Mais plusieurs sénatus-consultes ordonnèrent de remplacer le tuteur furieux par un autre tuteur (D. 26, 1, 17), et une constitution (C. 5, 6, 5) de l'empereur Philippe l'Arabe (247) excusa les fous de la tutelle et de la curatelle. Comment concilier cette constitution avec le paragraphe des Institutes que nous avons cité plus haut ? Faut-il dire que la constitution de Philippe n'excusait les fous que pendant la durée de leur folie ? Mais les termes de cette constitution sont trop larges pour permettre une semblable interprétation ; elle semble, du reste, la suite nécessaire des nombreux sénatus-consultes dont nous parle Paul, et qui avaient ordonné, dans des cas particuliers, de remplacer le tuteur fou par un autre tuteur. Faut-il dire au contraire que Justinien a suivi l'avis d'Ulpien, et que le paragraphe des Institutes est en contradiction avec la constitution de Philippe? C'est l'opinion qui nous paraît préférable, car nous la croyons conforme aux textes.

Nous avons démontré que le fou gardait sa place dans la cité et dans la famille; il est superflu d'ajouter qu'il restait propriétaire de ses biens. Nous allons étudier maintenant les modifications que subissait sa capacité.

Pour contracter une obligation ou pour stipuler un avantage, il faut vouloir; la folie ôte toute volonté (D. 50, 17, 40; Gai. C 3, § 106; Institut. 3 19, § 8); tous les actes que fera le fou seront donc nuls, sans qu'on ait à distinguer s'ils lui sont préjudiciables ou avantageux (D. 44, 7, 1, § 12). Ainsi le fou ne peut stipuler ni promettre; il ne peut acheter ni vendre (C. 4, 38, 2); il ne peut tester (Ulp. Reg. 20, § 13; D. 28, 1, 2; D. 5, 2, 2. Inst. 2, 12 § 1; D. 28, 1, 17, Paul Sent. 3, t. 4 A § 11); et même si un homme parfaitement raisonnable devenait fou avant d'avoir achevé son testament, ce testament serait nul (C. 6, 22, 9).

Paul nous apprend (D. 28, 6, 43 pr.) que les empereurs avaient coutume d'accorder au père du furieux le droit de lui substituer un héritier. Cette substitution donnait un héritier au furieux comme la substitution pupillaire donnait un héritier au pupille. Elle s'évanouissait si le furieux revenait à la raison, parce qu'alors il pouvait tester; elle tombait aussi s'il avait un enfant, parce que le prince, en accordant au père le droit de donner un héritier à son fils privé de raison, n'avait pas voulu lui permettre de déshériter son petit-fils.

Justinien donna aux ascendants qui avaient des enfants ou des descendants complétement fous (*mente capti*) le droit de leur substituer certaines personnes (Inst. 2, 16, § 4), même sans en demander la permission au prince.

Si le fou avait des enfants sains d'esprit, l'ascendant ne pouvait lui substituer qu'un ou plusieurs de ses enfants; s'il n'avait pas de descendants, mais des frères ou des sœurs, le substitué devait être choisi parmi eux (C. 6, 26, 9). La substitution tombait quand le fou revenait à la raison. Les interprètes appellent cette substitution quasi-pupillaire ou exemplaire ; ils se demandent ce qui arrivait quand le fou avait plusieurs ascendants et que chacun d'entre eux désignait un substitué différent. M. Demangeat pense que, dans ce cas, chacun des substitués n'avait droit dans la succession du fou qu'aux biens provenus de l'ascendant qui l'avait choisi (Cours de droit romain, t. I, p. 678).

Le fou conservait la possession qu'il avait acquise étant sain d'esprit (D. 41, 2, 27); mais, tant que durait sa folie, il était incapable d'acquérir la possession civile d'aucune chose. La possession, en effet, s'acquiert *animo et corpore* (D. 41, 2, 8); et le fou, dénué de volonté, ne pouvait avoir l'*animus possidendi*. C'est ce que Paul exprime ainsi (D. 41, 2, 1, § 3) : « Le fou ne peut commencer à posséder, car il n'a pas la volonté de retenir; » et s'il touche quelque chose, c'est comme si l'on mettait un objet dans la main d'un homme endormi. »

Suivant Celsus (D. 41, 2, 18, § 1), quand on livre un objet à un fou que l'on croit raisonnable, on cesse de posséder cet objet sans qu'il en acquière pour cela la possession. L'*infans* n'a pas plus que le furieux l'*animus possidendi*, mais les jurisconsultes admirent (D. 41, 2, 32, § 2) que l'autorisation de son tuteur pouvait suppléer à cette intention de posséder; et l'empereur Decius (251) ordonna (C. 7, 32, 3) que l'*infans* pourrait posséder *corpore tantùm*, sans même avoir besoin de l'autorisation de son tuteur. Nous ne trouvons rien de semblable pour le furieux. Mais l'esclave du furieux peut acquérir à son maître la possession *ex causâ peculiari*, comme l'esclave de l'*infans* (D. 41, 2, 1, § 5). Le fils du furieux lui acquiert aussi la possession pour la même cause (D. 41, 2, 4). Car en donnant un pécule à son esclave ou à son fils, le père de famille est censé avoir l'*animus possidendi* relativement à toutes les choses qui pourront entrer dans ce pécule; sans cela il serait forcé de s'en occuper à chaque instant (D. 41, 2, 44, § 1). Suivant Paul (D. 41, 2, 1 § 5), le furieux peut même usucaper par l'entremise de son fils ou de son esclave *ex causâ peculiari*. Remarquons, en terminant, qu'un fils de famille ou un esclave furieux ne peut pas acquérir la possession à son père ou à son maître (D. 41, 2, 1, §§ 9, 10).

Le fou peut être obligé *re*. Cela arrivera, par exemple, s'il est propriétaire par indivis d'un fonds et que son copropriétaire fasse sur ce fonds des dépenses utiles. Le fou sera alors tenu de l'action *communi dividundo* (D. 44, 7, 46). Il sera aussi obligé si l'on a géré utilement ses affaires. Celui qui lui a rendu service a contre lui l'action *negotiorum gestorum*, suivant Ulpien (D. 3, 5, 3, § 5). Il sera aussi lié par les obligations que son curateur contractera dans les limites de ses pouvoirs. Dans tous les autres cas, le furieux ne sera pas obligé. Il ne sera même pas responsable du dommage qu'il aura causé. On ne donnera pas contre lui l'action de la loi Aquilia, et ceux qui auront été lésés ne recevront aucune répara- ion, pas plus que s'ils avaient été blessés par la chute d'une poutre (D. 9, 2, 5, § 2). S'il commet un crime, il ne sera pas puni (D. 1, 18, 14). Mais le préteur et le président de la province sont chargés de prendre les mesures nécessaires pour l'empêcher de nuire (D. 1, 18, 13, § 1); Antonin autorise le président à le mettre en prison.

Les jurisconsultes regardaient le furieux comme perpétuellement absent. Ainsi Florentinus dit (D. 50, 16, 209) que si Mœvius est tenu de faire quelque chose en la présence de Titius, il ne peut le faire si Titius est fou. C'est aussi pour cela, croyons-nous, que le fou ne peut être témoin d'un testament (Inst. 2, 10, § 6). Comme les parties devaient être présentes devant le magistrat, il s'en suivait qu'on ne pouvait juger un fou. Peu importait que l'absence de l'une des parties fût causée par un événement de force majeure ; peu importait même que l'absent consentît à se laisser juger, il fallait absolument que les deux parties fussent présentes devant le magistrat.

La sentence du juge n'était même pas toujours efficace quand une des deux parties était absente au moment où elle était rendue (D. 5, 2, 17, § 1, 18 ; D. 49, 1, 14, § 1).

Toutes les fois que les parties doivent être présentes, pour que l'acte de procédure qui est accompli ou la sentence qui est rendue soit valable, il est nécessaire qu'elles soient toutes deux parfaitement capables (D. 42, 1, 54 ; D. 4, 8, 27, § 5).

Mais quand il s'agit d'un incapable ordinaire, l'acte n'est nul que s'il lui est préjudiciable (D. 42, 1, 54 ; C. 2,

13, 14), tandis que, même avantageux, l'acte est toujours nul à l'égard du furieux. C'est ce que Pomponius exprime en ces termes (D. 42, 1, 9) : « Un juge ni un » arbitre ne peuvent juger un furieux. » Le motif sur lequel repose cette décision, c'est que le fou ne pouvant s'associer d'aucune façon à ce qui se passe devant lui, doit nécessairement être considéré comme absent ; tandis que le mineur, pou... ... prendre part aux actes dont il est témoin, la seule cause qui puisse les faire considérer comme nuls, c'est le désir de le protéger.

Dès que le fou recouvrait la raison, dût-il même la perdre de nouveau au bout de quelques instants, il reprenait l'exercice de tous ses droits. S'il était en curatelle, les pouvoirs de son curateur cessaient ou étaient suspendus (C. 5, 70, 6). Il pouvait administrer ses biens et les aliéner (C. 4, 38, 2); il pouvait tester (C. 6, 26, 9).

Un fragment de Labéon (D. 28, 1, 2) et un texte de Paul (Paul Sent. 3, t. 4, A. 11) prouvent qu'on n'exigeait pas que le testateur fût sain d'esprit avant d'avoir commencé son testament ou après l'avoir fini. S'il faut en croire Justinien (C. 6, 22, 9), quelques jurisconsultes romains auraient été d'un avis contraire. En tous cas, jamais on n'a pensé que le testament fait par un testateur sain d'esprit fût annulé lorsque le testateur venait à perdre la raison (Iust. 2, 12, § 1).

Lorsqu'on demandait la nullité d'un acte sous prétexte qu'il avait été fait dans un moment de folie, le magistrat se décidait d'après les circonstances. Peu importait qu'un curateur eût été donné au fou; ce qui le rendait incapable, en effet, ce n'était pas la nomination d'un curateur, c'était la folie elle-même.

C... ...idant l'empereur Gordien ... ...conseilla de

faire nommer un curateur à un fou, afin qu'on puisse faire annuler les obligations qu'il a consenties (C. 5, 70, 3). Cette constitution ne nous paraît pas contraire au système que nous avons développé. Le conseil que donne Gordien était très-bon à suivre; on comprend, en effet, qu'il était plus facile d'obtenir du magistrat l'annulation des actes du fou lorsqu'on lui avait fait nommer un curateur, que lorsqu'on n'avait pris aucune mesure pour prévenir les conséquences de sa folie; mais il n'est pas moins certain que le magistrat aurait pu annuler ces actes lors même que l'on n'aurait pas demandé un curateur.

En résumé, le fou était absolument incapable tant que durait sa folie, et parfaitement capable dès qu'elle cessait. Nous avons étudié les principales applications de cette règle, mais il nous reste à montrer quelles conséquences elle entraînait quand une succession était déférée au furieux. Cette matière est si importante que nous avons cru utile de la traiter séparément.

Il est facile de trouver des textes qui démontrent que le furieux était capable de recueillir *ab intestat* et même par testament. Pomponius (D. 28, 1, 16, § 1, Paul, Sent. 4, 8, § 5) et les Institutes (Inst. 2, 19, § 4) nous le disent. Le fou ne peut tester, mais il a la *factio testamenti*, en ce sens que l'on peut disposer en sa faveur. Supposons donc qu'une succession lui est dévolue *ab intestat* ou en vertu d'un testament, qu'arrivera-t-il?

S'il est héritier *sien* pas de difficulté : les héritiers *siens* acquièrent de plein droit et même à leur insu ; il recueillera donc la succession (Inst. 3, 1, § 3 ; Paul, Sent. 4, 8, § 5). Si elle est mauvaise, le fou pourra s'abstenir quand il sera revenu à la raison (Paul, Sent. 4, 8, § 6), il dira alors « qu'il ne veut pas retenir l'hérédité» (D. 29, 2,

71, § 4), et on le regardera comme y ayant toujours été étranger.

Le furieux héritier *externe* ne peut acquérir la succession qu'en faisant adition d'hérédité ou en faisant acte d'héritier (Gaius, C. 2, § 167; Inst. 2, 19, § 7). Mais comment le furieux pourrait-il faire un de ces actes? Évidemment, il faut admettre que le fou ne pourra faire adition que dans un intervalle lucide.

Quand les créanciers de la succession demandaient la permission de vendre les biens, le préteur avait sans doute égard à la folie de l'héritier, et suspendait pendant un délai suffisant les poursuites (Gai., C. 2, § 167). Cela était d'autant plus nécessaire que dans l'ancien droit le curateur ne pouvait pas faire adition pour le furieux (D. 29, 2, 90), de peur que le furieux ne fût endetté malgré lui (D. 29, 2, 6 pr.).

Le curateur ne pouvait pas même autoriser le furieux à faire adition, car pour qu'il pût approuver les actes du furieux, il eût été nécessaire que le furieux fît d'abord quelque chose (D. 26, 8, 3). Par la même raison, le tuteur du furieux pupille, ou le père du furieux fils de famille, ne pouvait l'autoriser à faire adition.

Doneau (Donel. 2, 438, 2) fait observer qu'il en est autrement du furieux *infans*. En effet, le tuteur d'un *infans*, à qui une succession est dévolue, peut demander pour lui la possession de biens (D. 37, 1, 7, § 1, 8), et même, en vertu d'une constitution (C. 6, 30, 18, § 2) des empereurs Théodose et Valentinien (426), faire adition au nom de son pupille. Pourquoi donc, dit Doneau, ne ferait-on pas jouir l'*infans* furieux des mêmes bénéfices? Cette remarque est juste, mais nous la croyons superflue; car il nous semble impossible de discerner si

un enfant qui ne peut pas encore parler est ou non raisonnable.

Quand un fou avait droit, suivant l'édit du préteur,
à une *bonorum possessio*, il ne pouvait la demander qu'a-
près être revenu à la raison (D. 38, 9, 1, § 5). Mais son
curateur pouvait demander la *bonorum possessio* au préteur, qui l'accordait par un décret spécial après enquête,
c'était la *bonorum possessio decretalis* (D. 38, 17, 2, § 11;
C. 5, 70, 7, § 5). Si le curateur du fou négligeait de la
demander, l'héritier du degré suivant pouvait la demander pour lui-même. Nous en trouvons la preuve dans un
texte de Papinien (D. 37, 3, 4) que nous allons expliquer :

« Titius a été substitué à un furieux : le temps de la
» possession de biens ne court ni pour l'institué, ni pour
» le substitué, tant que le furieux reste dans le même
» état. Et quoique le curateur du furieux puisse, en son
» nom, recevoir la possession de biens, le délai qui est
» fixé pour ceux qui savent (*l'ouverture de la succession*)
» ne courra pas pour cela ; car le père, lui aussi, reçoit
» la possession de biens pour son fils *infans*, et cependant
» sa négligence ne fait pas exclure l'*infans*. Qu'arrivera-t-il
» donc si le curateur ne veut pas la recevoir? Ne sera-t-il
» pas juste et utile que la possession soit donnée de la
» même manière au plus proche, afin que les biens ne
» restent pas sans propriétaire? Cela étant admis, le sub-
» stitué est forcé de donner caution à tous ceux à qui les
» biens doivent être restitués : si, par hasard, l'institué
» mourait dans le même état de folie, ou que, revenu à
» la raison, il mourût avant d'avoir accepté l'hérédité.
» Car il peut se faire que le substitué meure du vivant du
» furieux et que cependant le furieux ne fasse pas obsta-

» cle aux autres, cela arrivera s'il meurt lui-même avant
» d'avoir acquis l'hérédité. »

Le jurisconsulte se place d'abord dans l'espèce suivante : Titius a été substitué vulgairement à un furieux, et le curateur de ce furieux néglige de demander la possession de biens *decretalis*. Qu'arrive-t-il ? Pendant tout le temps que dure la folie, le délai dans lequel la possession de biens *edictalis* doit être demandée ne court ni contre le fou ni contre le substitué. Il ne court pas contre le substitué, parce que tant que l'héritier institué peut faire adition, le droit du substitué ne s'ouvre pas (D. 29, 2, 3). Il ne court pas contre le fou, parce que le fou ne peut pas demander la possession de biens de l'édit avant d'être revenu à la raison (D. 38, 9, 1 ; § 5).

Une constitution d'Alexandre Sévère (224) et un texte de Gaius, semblent contredire cette décision.

Voici d'abord la constitution : « Si la mère n'a pas
» accepté, à cause de sa folie, la possession des biens de
» son oncle paternel, toi, son fils, tu es admis par l'édit
» à la possession des biens de ton grand-oncle ; car
» lorsque les plus proches ne demandent pas la *bonorum*
» *possessio*, l'édit l'accorde à ceux qui les suivent. »
(C. 6, 16, 1). Voici maintenant le texte de Gaius : (D.
26, 8, 11). « Si une possession de biens appartient à
» un pupille ou à un furieux, on a jugé convenable,
» pour la bonne expédition des affaires, de suivre la vo-
» lonté du tuteur ou du curateur, soit qu'il lui plût d'ac-
» cepter ou de refuser ; mais s'il agit contre l'intérêt du
» pupille ou du fou, on aura contre lui l'action de tu-
» telle ou de curatelle. »

Ne pourrait-on pas dire, en s'appuyant sur ces deux textes, que le délai dans lequel la possession de biens *edictalis* devait être demandée, courait contre le fou pendant la folie, puisque son curateur pouvait accepter ou repousser cette possession, et que, d'un autre côté, nous voyons un fils admis à demander la possession de biens *edictalis* déférée à sa mère folle. Pour résoudre cette difficulté, Cujas se borne à dire que Gaïus et l'empereur Alexandre Sévère parlent d'une *bonorum possessio*, déférée à l'héritier avant qu'il ne devînt fou. Cette simple remarque explique complétement les deux textes que nous venons de traduire. Voici l'espèce qui était soumise à l'empereur Alexandre : une femme avait perdu son oncle paternel, elle avait appris l'ouverture de la succession, et elle savait qu'elle était héritière ; mais, avant qu'elle n'eût demandé la possession des biens, elle était devenue folle. Le délai dans lequel la possession de biens devait être demandée, avait commencé à courir du jour où l'ouverture de la succession avait été connue de l'héritière. (Ulp. reg., t. 28, § 10). L'empereur décida que la folie n'avait pas suspendu le cours de ce délai, et dit que, le temps étant expiré, la possession de biens est déférée par l'édit aux héritiers suivants. Gaïus s'occupe aussi d'une possession de biens qui était déférée à l'héritier avant qu'il ne devînt fou, et il dit que le curateur du fou devra accepter ou répudier cette possession de biens. Dans ce cas, ce sera la *possessio edictalis* que le curateur acceptera ou refusera, puisque c'est elle qui est déférée au furieux ; il agit ici, en quelque sorte, comme son mandataire légal. Au contraire, Papinien suppose qu'au moment de l'ouverture de la succession, l'héritier était fou. Dans ce cas, il est bien impossible que les délais puissent courir, puisque la possession de biens de l'édit n'est pas déférée au fou. (D. 38, 0, 1 ; § 5). Et d'un autre côté, lors même que son curateur pourrait accepter, pour lui le délai ne courrait pas, car le fou est assimilé à l'*infans*, et lorsque le père, qui peut accepter la *bonorum possessio* au nom de *l'infans*, néglige de le faire, cela ne nuit pas à *l'infans* (D. 38, 15, 3). Continuons maintenant d'expliquer le texte de Papinien.

Le curateur du furieux peut, ainsi que nous l'avons dit tout à l'heure, demander la *possessio decretalis*. Quand il l'aura obtenue, il pourra administrer les biens héréditaires, payer les dettes et délivrer les legs, sauf aux légataires de donner caution de restituer si l'héritier est évincé (D. 34, 1, 48; § 1); si, par exemple, il meurt avant d'avoir recouvré sa raison. Mais qu'arrivera-t-il si le curateur néglige de demander la possession de biens? Que deviendront les créanciers et les légataires, et par qui pourront-ils se faire payer? On donnera la possession de biens *decretalis* au plus proche héritier, c'est-à-dire, dans l'espèce, au substitué. Celui-ci est forcé de donner caution à tous ceux à qui les biens doivent être restitués, s'il meurt avant le fou, et si le fou meurt avant d'avoir recouvré la raison ou d'avoir demandé la possession de biens *edictalis*. De cette façon, le préjudice que la négligence du curateur peut causer aux tiers est réparé.

Le fou a un très-grand intérêt à ce que son curateur demande pour lui la possession de biens *decretalis*, car sans cela, s'il recouvrait la raison et qu'il mourût avant d'avoir demandé la possession de biens de l'édit, il ne transmettrait rien à ses héritiers. Il transmet, au contraire, à ses héritiers la possession de biens *decretalis* lorsque son curateur l'a demandée pour lui. Mais il est nécessaire pour cela que le furieux recouvre la raison avant de mourir (D. 38, 17, 2; § 11). Si l'on a obtenu pour le furieux la possession *decretalis* et qu'il soit mort dans le même état de folie, son héritier devra rendre au substitué ou aux héritiers qui suivaient le fou, non-seulement la succession que le fou a possédée, mais aussi les fruits qui ont tourné à son profit (D. 5, 3, 51). Aussi le curateur du furieux, en demandant la possession de biens, donnait-il caution de restituer l'hérédité, (C. 5, 70, 7 ; § 8.) et, exigeait-il semblable garantie des personnes à qui il délivrait les legs (D. 31, 1, 48 ; § 1). On tiendra compte, bien entendu, au furieux des dépenses utiles qu'il a faites pour la conservation des biens héréditaires, et même on n'exigera pas les sommes qui ont été employées à sa nourriture (D. 5, 3, 51).

Qu'arriverait-il si le furieux avait donné mandat de demander pour lui la possession de biens ? Si cette possession n'est demandée qu'après le commencement de la folie, il faut, pour qu'elle lui soit acquise, qu'il ratifie la demande pendant un intervalle lucide. En effet, dès que la folie commence, le mandat cesse, puisque le mandant n'a plus de volonté (D. 20, 2, 47, 48).

Si un ami du fou, sans avoir reçu aucun mandat, demande pour lui la possession de biens avant que la folie ait commencé, on regardera comme une ratification le silence que l'héritier a gardé pendant le temps qui s'est écoulé entre la demande et le commencement de la folie. Cette interprétation favorable suppléera à la ratification. Nous pouvons citer un texte de Paul à l'appui de cette opinion. (D. 37, 1, 26.)

Quand le furieux doit recueillir le bénéfice d'un fidéicommis, les difficultés que nous venons d'examiner se présentent et sont résolues de même. Une constitution de Justinien (530) permet au curateur de recevoir les fidéicommis qui sont dus au furieux (C. 6. 49. 7).

Lorsque c'est le furieux qui est chargé de restituer le fidéicommis l'embarras est plus grand, car il est nécessaire que celui qui restitue un fidéicommis agisse volontairement et en pleine connaissance de cause. Cependant Ulpien rapporte (D. 36, 1, 35) un rescrit de l'empereur Antonin, qui autorise le curateur d'un furieux attaqué en restitution d'hérédité à demander la possession de biens et ensuite à transférer les actions.

Quand l'esclave du furieux ou son fils étaient institués héritiers, le furieux pouvait acquérir l'hérédité qui leur était déférée (D. 29, 2, 63). Mais il fallait pour cela que le curateur leur donnât l'ordre de faire adition. Les jurisconsultes lui en avaient reconnu le droit pour venir en aide au fou. L'empereur Antonin permit cependant au fils d'un furieux de faire adition comme s'il était *sui juris*, et même d'affranchir les esclaves de la succession (D. 29, 2, 25).

Justinien (530) résuma les règles que nous venons d'énumérer, et abrogea tout ce qui était défavorable au furieux. Il ordonna (C. 5, 70, 7, § 3) au curateur de demander la possession de biens *decretalis*, en suivant les formes tracées par l'empereur Constance (C. 6, 9, 9), toutes les fois qu'une succession avantageuse serait déférée au furieux. Si celui-ci mourait ensuite sans avoir recouvré la raison ou si, redevenu sain d'esprit, il répudiait la succession, les biens qui la composaient revenaient à ceux qui étaient les plus proches héritiers au moment de la mort du *decujus* (C., 5, 70, 7, §§ 7 et 8). Justinien établit une règle un peu différente de celle-ci au sujet des legs et des fidéicommis faits en faveur des furieux. Ils devaient être remis à son curateur, et, si le furieux mourait sans avoir recouvré la raison, son héritier avait le droit de les accepter ou de les refuser (C., 5, 70, 7, § 9). Si le furieux ou son héritier refusaient ces legs et ces fidéicommis, ils retournaient aux héritiers sans que cela pût causer de préjudice au furieux. Justinien supprima aussi les satisdations et les cautions que le curateur du furieux était obligé de fournir auparavant pour assurer la restitution des hérédités déférées au furieux héritier externe (C., 5, 70, 7, § 8). Il ne changea rien aux règles que nous avons exposées en parlant du furieux héritier sien (C., 5, 70, 7, § 2).

Telles sont les principales conséquences que les jurisconsultes romains ont déduites du principe posé par la loi des Douze-Tables : « *Si furiosus est agnatorum in eo pecuniaque ejus potestas esto.* » Elles s'accordent si bien entre elles qu'on pourrait résumer tout ce que nous venons de dire dans cette seule phrase : L'incapacité commence avec la folie, elle finit avec elle, elle est absolue comme elle. Nous allons étudier maintenant la condition du prodigue, maître de son esprit, jouissant de toutes ses facultés, mais privé de l'exercice de ses droits dans son intérêt et dans l'intérêt de l'État.

II.

Ulpien affirme que la loi des douze Tables ôtait aux prodigues l'administration de leurs biens (D., 27, 10, 1 pr. D., 28, 1, 18 pr. D., 29, 2, 5 § 1).

Plusieurs commentateurs se sont crus autorisés par là à modifier le texte cité par Cicéron. J. Godefroy le rapporte ainsi : « *Si furiosus aut prodigus existat, ast ei custos nec escit, agnatorum gentilium que in eo pecunia ejus potestas esto.* » Bouchaud le copie tout en essayant, avec assez peu de succès, de rétablir l'orthographe primitive : « *Sei. Fouriosos. Aut. Prodicos. Ecsistat. Ast. Oloe.*

Custos. Nec. Escit. Adcnatorum. Ceuteiliomq. Endo. Eo. Pecuniaq. Ejjus. Potestas. Estod. »

Pour justifier les mots « *aut prodigus* » qu'il ajoute, Godefroi dit que le style de la loi des douze Tables était trop concis pour que la disposition qui regardait le prodigue n'eût pas été comprise dans le même paragraphe que celle qui concernait le furieux. Sans nous arrêter à chercher si cette raison est bien solide, il nous semble que nous pouvons démontrer péremptoirement que les mots « *aut prodigus* » n'ont jamais occupé la place que Godefroi leur donne. Que dit, en effet, la loi suivant ce commentateur : « S'il est furieux ou prodigue, que ses » agnats et ses gentils aient pouvoir sur sa personne et » sur ses biens. »

Les parents d'un fou doivent avoir une certaine autorité sur sa personne afin de le défendre contre lui-même et de protéger ceux qui seraient exposés à ses fureurs.

Mais pourquoi accorder une autorité semblable aux parents du prodigue ? Ne serait-ce pas une vexation inutile ? Le prodigue n'est-il pas capable de veiller à sa conservation et menace-t-il l'existence des autres ? Trouvons-nous dans les écrits des jurisconsultes ou dans les constitutions impériales aucune trace d'un si étrange pouvoir ? Ou nous nous abusons étrangement ou les mots : « *aut prodigus* » sont manifestement contraires au sens général de la disposition rapportée par Cicéron, et nous devons en conclure que le paragraphe de la loi des douze Tables, qui frappait le prodigue d'incapacité, ne nous est pas parvenu.

Une autre difficulté bien plus grave et bien plus intéressante s'offre à nous. Si Ulpien dit, à plusieurs reprises, que le prodigue était interdit par la loi, Paul nous apprend que le préteur interdisait les prodigues et il rapporte la formule d'interdiction. De là, la question suivante sur laquelle les avis sont partagés : Le prodigue ne pouvait-il être interdit que par le préteur, ou bien était-il interdit à la fois par la loi des douze Tables et par le préteur ? Il est facile de saisir l'intérêt de cette question ; si le prodigue conserve le pouvoir d'administrer ses biens et d'en disposer jusqu'au jour où le préteur l'interdit, son incapacité aura un point de départ fixe et les droits des tiers seront protégés. Mais si l'on devient incapable dès que l'on commence à être prodigue, il est à craindre que les tiers ne soient injustement lésés.

Presque tous les interprètes ont reculé devant cette conséquence ; suivant l'opinion générale, l'incapacité du prodigue ne date que du jour où le préteur a prononcé son interdiction. Doneau cependant a soutenu avec une grande force l'opinion contraire ; voici les principaux arguments sur lesquels il s'appuie.

La loi peut interdire aussi bien que le magistrat, puisque c'est d'elle que le magistrat tient ses pouvoirs.

Or, Ulpien dit : « Celui qui a été interdit par la loi, » c'est-à-dire par la loi seule ; il dit de plus : « Le prodigue » et non celui qui a été convaincu de prodigalité. L'interdiction a pour but de protéger le prodigue et non les tiers. Ceux qui n'ont pas su qu'ils traitaient avec un prodigue ont été en faute. Dans le système contraire on ne cherche pas si ceux qui ont traité avec le prodigue savaient ou non qu'il avait été interdit par le préteur.

Or, il est plus facile de savoir qu'un homme est prodigue que d'apprendre qu'il a été interdit. Si personne ne prend soin du prodigue ou si le magistrat néglige de l'interdire, il se ruinera. Lors même que le prodigue serait interdit par la loi seule, l'interdiction prononcée par le magistrat aurait encore une grande utilité. Il se peut faire, en effet, que la prodigalité soit douteuse ; or, quand le prodigue aura été interdit par le magistrat, il suffira qu'il apporte la preuve de son interdiction pour qu'il puisse faire annuler les obligations qu'il a consenties, tandis que s'il n'avait pas été interdit, il serait obligé de prouver qu'il a agi avec prodigalité.

Quelque nombreuses que soient ces raisons, elles ne peuvent suffire à nous convaincre, et nous soutiendrons l'opinion contraire. Nous pensons, en effet, que la loi doit protéger également tous les citoyens, aussi bien ceux qui traitent avec le prodigue que le prodigue lui-même. Nous croyons même que des prêteurs de bonne foi méritent plus d'intérêt qu'un dissipateur. Il est souvent difficile de savoir si celui qui traite avec nous veut faire une affaire sérieuse ou s'il veut dissiper sa fortune. La sentence d'interdiction sera facilement connue : l'administration du curateur suffirait à la divulguer. Le système de Doneau permettrait à tous ceux qui ont conclu un marché désavantageux d'en demander l'annulation sous prétexte qu'ils ont agi avec prodigalité.

Les textes cités par Doneau ne nous embarrassent pas. Nous pensons qu'Ulpien a pu dire : « Celui qui a été interdit par la loi, » en parlant du prodigue que le magistrat a interdit pour obéir à la loi. Doneau lui-même affirme que les mots : « *Is cui bonis lege interdictum est* » veulent dire à la fois celui qui a été interdit par la loi et celui qui a été interdit par le magistrat. Nous opposons aux textes qu'il cite, un texte d'Ulpien (D., 27, 10, 10 pr.) et un texte de Paul (Paul Sent., 3, 4 A, § 4). Nous nous fondons surtout sur un texte de Julien (D., 41, 4, 8), qui est assez précis pour ne pas laisser place à l'incerti-

tude. Le voici : « Si quelqu'un a acheté des esclaves en
» sachant bien que son vendeur allait aussitôt dissiper
» l'argent, la plupart ont répondu que l'acheteur était
» cependant de bonne foi ; cela est vrai, comment eu
» effet celui qui a acheté du maître peut-il paraître de
» mauvaise foi ? A moins que, par hasard, celui qui a
» acheté des esclaves à un débauché qui voulait donner
» l'argent à une courtisane ne doive pas usucaper. » Pour
rendre la démonstration complète, il suffira de dire que
Brillon, qui était de l'avis de Doneau, n'a cru pouvoir
combattre ce texte qu'à l'aide d'un contre-sens. L'incapacité du prodigue ne commençait donc qu'au jour où
il avait été interdit par le préteur.

Le magistrat était averti par les parents du prodigue,
il prenait des informations, il entendait probablement les
explications du prodigue, et il jugeait, suivant les circonstances, s'il y avait lieu de prononcer l'interdiction.
Cicéron (*de Offic.*, 2, 16) définit ainsi les prodigues :
« *Prodigi, qui epulis, et viscerationibus, et gladiatorum*
» *muneribus, ludorum venationumque apparatu, pecunias*
» *profundunt in eas res, quarum memoriam aut brevem,*
» *aut nullam omninò sint relicturi.* » Ainsi, suivant Cicéron, celui qui dépenserait sa fortune à faire des choses
utiles ou glorieuses ne serait pas un prodigue. D'après
Ulpien, le prodigue est celui « *Qui neque tempus neque*
» *finem expensarum habet, sed bona sua dilacerando et*
» *d. sipando profudit.* »

La formule d'interdiction que le préteur prononçait
contre le prodigue nous a été transmise par Paul (Paul,
Sent. A., 3, t. 4, § 4) ; elle est ainsi conçue : « *Quando*
» *tibi bona paterna avitaque nequitia tua disperdis, liberos*
» *que tuos ad egestatem perducis, ob eam rem tibi ea re*
» *commercioque interdico.* » Cujas veut qu'au lieu d'*eâ*

re, on lise *œre ;* mais les autres commentateurs, et en particulier Schultingius, sont d'avis qu'on ne doit rien changer à ce texte.

Paul affirme que cette formule était depuis longtemps en usage. Il dit : « *Moribus per prœtorem interdicitur hoc modo.* »

Pothier pense qu'au lieu de *moribus* il faudrait lire *maribus,* ce qui donnerait au texte le sens suivant : Le préteur interdit les hommes. On pourrait donner quelques raisons à l'appui de cette correction : Paul prend la peine de dire que l'on peut interdire les femmes qui vivent dans la débauche (Paul Sent., 3, 4 A. 6, D., 27, 10, 15) ; la formule d'interdiction qu'il rapporte doit être fort ancienne, et au temps où elle a dû être composée les femmes étaient toute leur vie en tutelle, et par conséquent il était inutile de les interdire ; on ne le pouvait même pas, car nous verrons que l'on ne peut interdire que des personnes *sui juris.* Ces raisons ne nous paraissent pas assez fortes pour justifier la correction que Pothier propose. Autre chose est de la femme qui vit dans la débauche et de celle qui dissipe son bien. Nous doutons que l'on trouve dans le Digeste le mot *mares* avec le sens que Pothier lui donne ; le mot *moribus* est, au contraire, employé par Ulpien pour dire que l'interdiction était en usage même avant la loi des Douze-Tables (D., 1, 27, 1 pr.). Nous ne serons donc pas étonnés de voir Paul employer le même mot et dire que la coutume avait donné au préteur le droit d'interdire les prodigues (Paul, Sent. 3, 4, A. 4).

L'interdiction étant prononcée, que devenait la capacité du prodigue ? Ulpien nous l'apprend (D., 45, 1, 6). « L'interdit acquiert en stipulant, mais il ne peut livrer » ni s'obliger en promettant. »

Ici se présente une difficulté.

Pomponius dit en effet (D., 50, 17, 40) : « Le furieux » et l'interdit n'ont aucune volonté. » Donc, suivant ce jurisconsulte, le prodigue ne pourra pas acquérir, puisque, pour acquérir, il faut vouloir. Doneau et J. Godefroi ont tous deux expliqué ce texte d'une façon très-ingénieuse et, par des voies différentes, sont arrivés à la solution de la difficulté.

Godefroi fait observer que le texte de Pomponius (40 *de reg. juris*) est ainsi intitulé : *Pomponius lib.* 24 *ad Sabinum,* et que la loi 20 *de aqud et aquæ pluviæ arcendæ* (D., 39, 2) est ainsi intitulée : *Pomponius lib.* 24 *ad Sabinum.* Donc, ces deux lois faisaient partie du même livre de Pomponius, quoiqu'on le trouve au Digeste dans des titres différents. Il rapproche de la loi 20 la loi 19 *de aq et aq. pluv. arcend.,* qui est aussi de Pomponius, et dont le sens se lie intimement avec celui de la loi 20, et, en faisant précéder la loi 40 *de regulis juris* des deux lois 19 et 20 *de aq. et aq. pluv. arcend.,* il arrive à expliquer d'une façou très-satisfaisante comment Pomponius a pu assimiler la volonté de l'interdit à celle du fou sans se mettre en contradiction avec les autres jurisconsultes. Voici la traduction de ces trois lois.

Loi 19 : « Labéon dit : Si mon voisin souffre que je » fasse un ouvrage de nature à augmenter la violence » des eaux pluviales, il n'aura pas contre moi l'action » *aquæ pluviæ arcendæ.* »

Loi 20 : « Mais il n'en sera pas ainsi s'il a été induit » en erreur ou trompé par son inexpérience. Car celui » qui se trompe n'a aucune volonté. » Loi 40 : « Le furieux ou l'interdit n'ont aucune volonté. »

Pomponius a raison de dire que dans cette hypothèse particulière l'interdit ne peut pas plus vouloir que le fou. Sans cela, par un silence volontaire qui passerait pour un consentement tacite, l'interdit pourrait se causer à lui-même un dommage.

Voici maintenant l'explication de Doneau : au lieu d'être fondée sur l'exégèse comme celle de Godefroi, elle est purement dogmatique. La loi 40 *de regulis juris,* dit Doneau, doit être entendue ainsi : Le furieux n'a aucune volonté tant qu'il est fou, et le prodigue n'en a aucune tant qu'il est interdit; mais comme l'interdiction a uniquement pour but de l'empêcher de diminuer sa fortune, dès qu'il ne s'agit pas de la diminuer l'interdiction cesse : la volonté que l'interdiction ôte au prodigue, c'est celle de diminuer sa fortune; la volonté de l'augmenter n'est pas atteinte, et il peut acquérir comme s'il n'était pas interdit.

Ces explications nous semblent concilier parfaitement la loi 40 *de regulis juris* avec la loi 6 *de verb. oblig.* Nous n'hésitons pas à déclarer que nous préférons l'explication de Godefroi à celle de Doneau qui semble fondée sur une pétition de principe. En tout cas, il ne peut y avoir lieu à aucun doute; l'interdit était incapable de diminuer sa fortune, mais il était capable de l'augmenter. Pour soutenir cette proposition, nous nous appuyons non-seulement sur la loi 6 *de verb. oblig.,* mais aussi sur deux textes formels que nous allons traduire. Le premier est de Pomponius; il nous fera connaître l'opinion véritable de ce jurisconsulte sur la capacité du prodigue, et ainsi il confirmera ce que nous avons dit en expliquant la loi 40 *de regulis juris.*

Voici ce texte (D. 46, 2, 3) : « L'interdit ne peut faire » une novation, à moins qu'il ne rende sa condition » meilleure. »

Rien de plus simple; le jurisconsulte reconnaît à l'interdit la capacité de contracter quand le contrat lui est avantageux. Voici maintenant l'autre texte ; il est d'Ulpien (D. 12, 1, 9, § 7) : « Si j'ai compté de l'argent à » un homme qui ensuite a été interdit, et qu'après cela » je stipule de lui, je pense qu'il faut l'assimiler à un » pupille : car il acquiert même en stipulant. » D'après le sens de la loi tout entière, voilà ce qui arrivera dans l'hypothèse prévue par ce paragraphe : la stipulation sera nulle et le prêteur aura seulement, pour se faire rembourser, la *condictio numeratæ pecuniæ*. Ce résultat nous touche peu, et nous ne l'avons indiqué que pour dissiper toute obscurité ; ce qu'il importe de noter, c'est qu'Ulpien compare l'interdit à un pupille, par cette raison qu'il acquiert en stipulant. Nous croyons en avoir assez dit sur ce sujet ; l'interdit ne peut rendre sa condition pire, mais il peut la rendre meilleure, comme le pupille qui est incapable de s'obliger, mais qui peut acquérir (D. 26, 8, 9 pr.). Le but de l'interdiction était de protéger le prodigue et non de lui nuire. A la vérité, elle lui ôtait l'administration de ses biens (D. 27, 10, 1 pr.), mais on peut acquérir sans administrer, puisque sans toucher à ses biens on y ajoute les biens des autres.

Voici les conséquences principales de l'incapacité absolue de perdre, qui était infligée au prodigue. Il ne pouvait s'obliger (D. 45, 1, 6) ni aliéner (D. 27, 10, 10 pr.), ni consentir une novation (D. 46, 2, 3), à moins que la nouvelle obligation ne fût plus avantageuse que l'ancienne.

On ne pouvait payer valablement au prodigue, parce que si le paiement avait été valable, le prodigue aurait aliéné sa créance en même temps qu'il aurait reçu l'argent. Mais on payait valablement à son curateur. (D. 27, 10, 7, § 3. L'interdit n'ayant pas l'administration de ses biens ne pouvait transiger au sujet des actions qui lui appartenaient, et, par conséquent, il ne pouvait déférer le serment (D. 12, 2, 2). Qu'arrivait-il s'il le déférait ? S'il était certain que le serment avait été déféré après l'interdiction, le curateur de l'interdit pouvait exercer l'action, et l'on n'accordait aucune exception à celui qui avait prêté serment (D. 44, 5, 1; § 1). Si, au contraire, il était douteux que le serment eût été déféré après l'interdiction, on donnait à celui qui l'avait prêté l'exception de serment, et l'on accordait au curateur de l'interdit la réplique (D. 12, 2, 17, § 1), « à moins que la partie » n'ait juré lorsque le serment était déféré par celui qui » n'avait pas le droit de le déférer. »

Suivant Doneau, l'interdit ne peut être ni témoin ni procureur, parce que la loi l'assimile au fou. Nous ne sommes pas de cet avis. Pourquoi repousser le témoignage d'un prodigue interdit? Il peut être très-digne de foi, malgré son goût pour la dépense. Pourquoi ne pourrait-on pas choisir un interdit pour procureur? A la vérité, il ne serait pas tenu de l'action de mandat, puisqu'il ne peut s'obliger ; mais s'il plaisait à un citoyen de lui confier la direction de ses affaires, il pourrait fort bien accepter cette mission. Si le fou ne peut être procureur ni témoin, c'est qu'il n'a ni volonté ni intelligence. Il n'en est pas de même de l'interdit. Nous admettrons aussi, en l'absence de textes contraires, que l'interdit tuteur testamentaire ou légitime pourra conserver la tutelle. Mais le préteur à le droit de l'écarter comme suspect (Inst. 1, 26, § 13), car ses habitudes de dissipation font prévoir qu'il n'administrera pas bien la fortune du pupille; et de plus, comme il est incapable de s'obliger, il ne serait pas tenu de l'action de tutelle.

Une constitution de l'empereur Léon le Philosophe

(Léon Nov. 112) (890) nous apprend que la prodigalité du mari était pour la femme une juste cause de
divorce.

Le prodigue pouvait être valablement institué héritier
(Inst. 2, 19, § 4), et même, suivant Ulpien, il pouvait
faire adition (D., 28, 1, 16). Mais M. de Savigny pense
que, dans ce cas, il devait obtenir le *consensus* de son
curateur. Ce consentement avait pour but, non pas de
compléter la capacité du prodigue, car le *consensus*
n'ayant pas la force d'une *auctoritas* n'aurait pu remé-
dier à l'incapacité du prodigue, mais seulement de con-
stater les forces de la succession. En effet, si la succession avait été onéreuse, l'adition d'hérédité n'aurait pas
été valable, car d'un côté le prodigue est incapable de
s'obliger, et d'un autre côté il ne peut faire adition sous
condition. L'adition d'hérédité est, en effet, un *actus le-
gitimus* qui serait vicié *per temporis vel conditionis adjec-
tionem* (D., 50, 17, 77). Africain nous apprend, de plus,
que l'adition faite sous cette condition : Si l'hérédité est
avantageuse, elle est nulle (D., 29, 2, 51, § 2). On comprend que, dans ces circonstances, les créanciers de la succession aient intérêt à exiger que le prodigue obtienne le
consensus de son curateur. Suivant Doneau (3, 2, 144,
note 7), le prodigue peut répudier seul la succession qui
lui est échue ; en effet, il ne perd pas, mais il manque
de gagner, et rien ne fait craindre qu'il refuse une succession avantageuse.

Le prodigue ne peut tester (Inst. 2, 12, § 2), Ulpien
nous en donne la raison (D., 28, 1, 18 pr.) : c'est parce
que, n'ayant plus le *commercium*, il ne pourrait man-
ciper sa famille.

Par le même motif (D., 28, 1, 18 pr.), il ne peut être
témoin d'un testament (Inst. 2, 10, § 6). Bien entendu,

le testament fait par un prodigue qui n'est pas encore interdit est parfaitement valable (Inst. 2, 12, § 2). Doneau enseigne que l'on peut substituer pupillairement à son fils prodigue (2, 265, 5) ; il faudra pour cela obtenir une permission du prince (D., 28, 6, 43), car la constitution de Justinien qui règle la succession quasi-pupillaire, ne s'applique qu'au fou (C., 6, 26, 9).

Le prodigue, comme le fou, peut être obligé *re :* ainsi, lorsque le co-propriétaire du fonds qui lui appartient par indivis y fait des dépenses utiles, il est tenu de l'action *communi dividundo.* Il est tenu de l'action *negotiorum gestorum* envers celui qui a géré utilement ses affaires. Nous avons déjà dit que ces deux actions pouvaient être données contre le fou, et nous avons cité les textes qui le prouvent ; ce qui distingue le prodigue du fou, c'est que le premier est obligé par ses délits, tandis que le second ne l'est point. La prodigalité n'ôte pas le discernement du bien et du mal ; le prodigue, même après son interdiction, reste *doli capax* et doit porter la peine de ses fautes. On aura donc contre lui l'action de la loi Aquilia. Jusqu'ici tous les jurisconsultes sont d'accord ; mais ils sont divisés sur le point de savoir si le prodigue peut être obligé naturellement. Quand le prodigue interdit s'oblige, son obligation, nulle en droit, ne vaut-elle pas au moins comme obligation naturelle, et son créancier ne peut-il pas recevoir un fidéjusseur ? Telle est la question : on voit qu'elle offre un grand intérêt pratique.

Pour résoudre cette question, il est nécessaire d'expliquer et de concilier deux textes d'Ulpien. Dabord la loi 6 *de verb. oblig.* (D., 45, 1, 6), qui est ainsi conçue : « L'interdit acquiert en stipulant, mais il ne peut aliéner » par tradition ou s'obliger en promettant. Par consé-

» quent, un fidéjusseur ne peut intervenir pour lui, de
» même que pour un insensé. » Ensuite la loi 25 *de
fidej. et mandat.* dont voici la traduction : « Marcellus
» écrit : Si quelqu'un s'est porté fidéjusseur pour un
» pupille obligé sans l'autorisation de son tuteur, pour
» un prodigue ou pour un insensé, il faut décider qu'on
» ne viendra pas à son secours, parce qu'il n'y a pas
» action de mandat contre ces personnes. » Presque tous
les commentateurs ont essayé de concilier ces deux
textes ; nous allons exposer les principaux systèmes qui
ont été proposés.

Il ne serait pas difficile d'expliquer la loi 6 *de verb.
oblig.* si elle était seule ; on dirait, en effet : il est impossible de se porter caution pour un fou, parce qu'un fou
est absolument incapable de faire un acte juridique, et
que la fidéjussion, contrat accessoire, suppose nécessairement l'existence d'une obligation principale. C'est ce
que nous trouvons dans un texte de Gaïus (D., 46, 1,
70, § 4) ainsi conçu : « Si tu as stipulé d'un furieux, il
» est certain que tu ne peux recevoir un fidéjusseur,
» car non seulement la stipulation est nulle, mais on
» pense même que rien n'a été fait. »

Ulpien avait donc raison de dire qu'on ne pouvait
cautionner un furieux ; et, comme il avait dit que le
prodigue ne pouvait s'obliger, et que, de plus, toutes les
fois qu'il s'agissait de rendre sa condition pire, il avait assimilé le prodigue au furieux (D., 50, 17, 40), il devait
forcément décider que l'on ne pouvait cautionner un prodigue. Si donc nous étions seulement en présence de la
loi 6 *de verb. oblig.*, nous déciderions que le prodigue ne
peut s'obliger naturellement pas plus que le furieux, et
nous noterions cette différence entre la condition du
prodigue et celle du pupille. Mais, la loi 25 *de fidej. et*

mandat., met sur la même ligne le pupille obligé sans l'autorisation de son tuteur, le prodigue interdit et le furieux, et décide que l'on ne viendra pas au secours de celui qui les aura cautionnés : c'est dire implicitement que ce fidéjusseur est obligé. Nous comprenons bien que celui qui cautionne un pupille soit obligé, car le pupille qui s'engage sans l'autorisation de son tuteur contracte une obligation naturelle (D., 45, 1, 127 ; 46, 3, 95 §§ 2 et 4 ; 36, 2, 25 § 1 ; 46, 2, 1 § 1 ; 3, 5, 3 § 4 ; 35, 2, 21 pr.), et l'on peut cautionner valablement une obligation naturelle (Gai., c. 3, § 119 ; Inst. 3, 20 § 1 ; D., 46, 1, 16 § 3 ; D., 46, 1, 6). D'un autre côté, le passage de notre loi 25 qui refuse au fidéjusseur du pupille l'action de mandat, s'explique parfaitement, car le pupille n'a pu, sans l'autorisation de son tuteur, donner à quelqu'un mandat de s'obliger pour lui. Mais dire que celui qui s'est porté fidéjusseur pour un prodigue ou pour un fou est obligé, cela paraît manifestement contraire à la loi 6 *de verb. oblig.* et au texte de Gaius que nous avons cité.

Suivant Cujas (2, 1128, 1165) et Pothier (Pand., h. l.), Marcellus suppose que le prodigue et le furieux sont valablement obligés ; par exemple, qu'ils sont obligés *re, quasi ex contractu ;* et il décide que le fidéjusseur sera tenu envers le créancier, quoiqu'il n'ait pas de recours à exercer par l'action *mandati contraria.* Cujas invoque en faveur de cette interprétation ce texte de Gaius (D., 46, 1, 70 § 4) : « Si j'ai reçu un fidéjusseur pour un fou » obligé valablement, ce fidéjusseur est tenu. » Cette explication nous paraît manifestement contraire au texte de notre loi 25. En effet, si le fidéjusseur payait pour le prodigue ou pour le fou valablement obligés, il leur rendrait service, et il aurait contre eux l'action *negotio-*

rum gestorum (D., 3, 5, 3 § 5) pour se faire rembourser
l'argent qu'il aurait dépensé. Pourquoi dire alors qu'on
ne secourra pas le fidéjusseur, puisqu'il n'aurait pas besoin de secours ; et pourquoi faire remarquer qu'il n'aura
pas l'action de mandat, puisqu'on ne pourrait lui refuser l'action de gestion d'affaires ?

Doneau reproduit, à peu près, l'explication de Cujas ;
il suppose, lui aussi, qu'il s'agit d'un fou ou d'un prodigue valablement obligés. Le fidéjusseur sera tenu, puisqu'il a cautionné une obligation valable, mais il n'aura
d'action contre le prodigue ou l'insensé que si, en payant,
il les enrichit. Il est très-facile alors de concilier la loi
6 *de verb. oblig.* avec la loi 25 *de fidej.;* dans la première, dit Doneau, il s'agit d'un prodigue qui n'est pas
obligé, et dans la seconde il s'agit d'un prodigue qui a
contracté une obligation valable. Nous ferons à ce système les mêmes critiques qu'à celui de Cujas.

Vinnius est d'avis que le prodigue peut s'obliger naturellement, de même que l'impubère ; il n'éprouve
donc pas de difficultés à expliquer comment le fidéjusseur qui a cautionné un prodigue se trouve obligé. Quant
à celui qui a cautionné un fou, dit-il, ce n'est pas, à
proprement parler, un fidéjusseur, c'est presque un obligé
principal ; c'est un porte-fort, car le fou n'est pas obligé.
Cette dernière remarque doit faire rejeter le système de
Vinnius tout entier, car il est impossible de soutenir
que la fidéjussion puisse être un contrat principal ; il est
certain que c'est un contrat accessoire destiné seulement à assurer l'exécution d'une obligation principale.

M. Machelard (Traité des Obligations naturelles) propose une autre distinction. La loi 6 *de verb. oblig.,* dit-
il, a en vue un fidéjusseur qui a cautionné un prodigue
sans savoir qu'il fût interdit. La loi 25 *de fidej.* a, au

contraire, en vue un fidéjusseur qui, sciemment, a cautionné un interdit. Le premier ne peut être obligé, ce
serait une souveraine injustice, mais le second sera valablement tenu, car il a agi librement et en parfaite connaissance de cause. L'obligation qu'il a contractée envers le créancier principal est valable, car le prodigue
qui a fait une promesse s'est obligé naturellement. Pourquoi, en effet, le prodigue qui acquiert, comme le pupille,
ne s'obligerait-il pas comme lui ? Il est certain qu'il a,
pour le moins, autant de discernement et d'intelligence
qu'un impubère. Quant au fidéjusseur qui a cautionné
sciemment l'obligation d'un furieux, il sera tenu pour
un autre motif. Il est certain que le furieux n'est pas
obligé, sans cela il serait inutile de faire remarquer que
le fidéjusseur n'aura pas contre lui l'action de mandat,
mais cependant le cautionnement sera valable, et en
voici la raison : Le jurisconsulte ne parle pas d'un *mente
captus,* mais seulement d'un *furiosus,* c'est à-dire d'un
fou qui a des intervalles lucides ; si l'obligation qu'il a
contractée envers son créancier a eu lieu pendant un intervalle lucide, elle est parfaitement valable, sinon elle
est nulle. Le juge décidera suivant les circonstances, et,
suivant les renseignements et les preuves que le créancier
pourra recueillir, l'obligation sera regardée comme valable ou comme nulle. Quelle sera l'issue d'un semblable
procès ? On l'ignore. C'est alors qu'intervient le fidéjusseur ; il garantit l'exécution de l'obligation contractée
par le furieux ; il est possible que cette obligation soit
valable, cela suffit pour que la fidéjussion soit régulière.

Quelque ingénieuse que soit cette explication, nous ne
pouvons l'accepter. La loi 6 *de verb. oblig.* est trop précise pour qu'on puisse supposer que le fidéjusseur dont
elle parle ait cautionné le prodigue sans savoir qu'il fût

interdit; la tournure de la phrase nous fait croire, au contraire, qu'il agissait en pleine connaissance de cause. Il ne sera pas tenu cependant, parce que la fidéjussion suppose nécessairement, pour être valable, l'existence d'une obligation principale au moins naturelle, et que, suivant nous, le prodigue est aussi incapable de contracter une obligation naturelle qu'il l'est de contracter une obligation civile. Nos adversaires s'étonnent que nous refusions ce pouvoir à l'interdit tandis que personne ne le conteste au pupille. Ne pourrait-on pas trouver entre eux bien d'autres différences? A la vérité, le prodigue est capable d'acquérir comme le pupille, et, comme lui, il est obligé par ses délits ; mais le pupille peut agir avec l'*auctoritas* de son tuteur, tandis que le prodigue est incapable de rien faire, même avec le *consensus* de son curateur. C'est seulement par une interprétation favorable qu'on lui a permis de faire adition d'hérédité. La loi n'ôte pas au pupille l'administration de ses biens, elle restreint seulement sa capacité et elle exige que le tuteur vienne compléter par son concours sa personne juridique. Le prodigue, au contraire, est représenté absolument par son curateur, qui agit comme il lui plait, sans jamais l'appeler à prendre part aux actes par lesquels il dispose de son patrimoine. Qui pourrait s'étonner, en présence de différences si marquées, que le prodigue ne pût s'obliger naturellement et que le pupille en fût capable? Consultons les textes et nous verrons qu'ils confirment entièrement notre opinion. C'est d'abord la loi 6 *de verb. oblig.* dont nous avons déjà fait remarquer la précision et l'importance ; c'est ensuite la loi 40 *de reg. juris*, qui est d'Ulpien comme la loi 6 *de verb. oblig.*, et qui porte que le prodigue n'a pas plus de volonté que le furieux. Nous ne voulons pas en conclure que le prodigue n'a aucune volonté au point de vue du droit, mais personne ne nous accusera d'exagération quand nous dirons que, suivant Ulpien, le prodigue n'a aucune volonté quand il s'agit de s'obliger. La loi 25 *de fidej.* reste l'unique argument de nos adversaires ; tout en appréciant à sa juste valeur l'explication qu'en a donnée M. Machelard, nous croyons qu'on peut en donner une autre tout aussi plausible et de plus parfaitement conforme à notre système.

M. Demangeat (Cours de droit romain, p. 275) pense qu'il faut lire ainsi la loi 25 *de fidej.* : « *Si quis pro* » *pupillo, sine tutoris auctoritate obligato, prodigove vel* » *furioso spoponderit aut fidepromiserit...* » au lieu de lire : « *Si quis pro pupillo... fidejusserit.* » Il croit que les commissaires de Justinien ont voulu accommoder le texte de Marcellus au droit existant, et qu'ils ont remplacé la *sponsio* et la *fidepromissio* alors tombées en désuétude par la *fidejussio* qui seule avait subsisté.

Les conséquences de cette correction qui, du reste, paraît très-raisonnable, sont importantes à noter. Gaius nous dit, en effet (Gai, c. 3, 119), que le *sponsor* et le *fidepromissor* peuvent être obligés, quoique le promettant principal ne le soit pas lui-même. Ainsi s'explique le texte de Marcellus que cite Ulpien ; le fou ni le prodigue ne sont pas obligés, mais cependant ceux qui ont cautionné les engagements qu'ils ont pris le sont, car ils se sont portés *fidepromissores* ou *sponsores*. M. Machelard cite à l'appui de son système un texte des Basiliques ainsi conçu : « Celui qui s'est porté fidéjusseur (*qui fidejussit*) » pour un pupille obligé sans l'autorisation de son tu- » teur, pour un prodigue ou pour un fou, est tenu et n'a » pas contre eux l'action de mandat. » Ce texte reproduit à peu près la loi 25 *de fidej.* Qu'en faut-il conclure ? que les rédacteurs des Basiliques ont copié cette loi sans

beaucoup se préoccuper de l'exactitude des termes, et
que, la faute commise par les commissaires de Justinien
a été répétée par ceux de l'empereur Basile.

On ne saurait donc, à notre avis, trouver dans la loi 25
de fidej. la preuve que l'interdit pouvait s'obliger naturellement. La loi 6 *de verb. oblig.* subsiste et montre que
l'interdit était absolument incapable de s'obliger si ce
n'est *quasi ex contractu* ou *ex delicto* Nous de plus que
si l'obligation qu'il avait contractée ait tourné à son
profit, il serait obligé, comme le pupille ou le fou le seraient aussi en pareil cas, *de in rem verso,* jusqu'à con-
currence de la somme dont il aurait profité.

Il nous paraît utile d'énumérer ici les différences qui
existaient entre la capacité du prodigue et celle du fou.
Le prodigue pouvait acquérir, le fou ne le pouvait pas;
le premier pouvait faire adition d'hérédité, le second en
était incapable; le prodigue était responsable de ses délits, le fou ne pouvait commettre de délits, et n'était
même pas tenu de réparer le dommage qu'il faisait; la
prodigalité ne faisait pas sortir de la curie, la folie en
faisait sortir; on ne pouvait juger le fou, on pouvait, au
contraire, juger le prodigue, même en l'absence de son
curateur, pourvu toutefois que la décision lui fût favorable; l'esclave mis aux fers par un prodigue devenait
déditice lorsqu'il était affranchi, on ne tenait pas compte
au contraire de la punition infligée par le fou; on pouvait substituer pupillairement au fou sans obtenir un rescrit impérial, il est douteux qu'on pût substituer de même
au prodigue; le prodigue pouvait se marier, le fou ne le
pouvait pas; le prodigue était complètement maître de sa
personne, le fou pouvait être gardé par l'ordre du préteur et même enchaîné; le prodigue pouvait faire une
novation avantageuse, le fou en était incapable.

Une constitution de l'empereur Léon le Philosophe (N. 39, Léon) (890) apporta de grands changements à la capacité du prodigue. Jusque là le prodigue ne pouvait pas s'occuper de ses affaires, l'empereur veut qu'il en soit autrement ; les actes de prodigalité seront nuls, les actes sagement conçus seront valables. Ainsi le prodigue pourra tester en faveur de ses parents, distribuer son bien aux pauvres, affranchir ses esclaves. Il pourra vendre ses biens s'il en trouve un prix avantageux, enfin il sera parfaitement capable tant qu'il administrera prudemment sa fortune, et ne deviendra incapable que lorsqu'il voudra la dissiper. Cette novelle a été appliquée par les Parlements. Ils décidèrent que le testament du prodigue serait exécuté lorsqu'il aurait prudemment disposé de ses biens; ils validèrent les libéralités faites par l'interdit à son futur conjoint, tout en les réduisant lorsqu'elles étaient exagérées.

L'incapacité du fou cessait dès qu'il revenait à la raison; comment finissait l'incapacité du prodigue interdit? Ulpien dit (D. 27, 10, 1 pr.) que le prodigue qui revient à une meilleure conduite cesse *ipso jure* d'être sous la puissance de son curateur. Paul affirme (Paul, Sent. 3, 4 A. § 12) que le prodigue devenu sage peut faire un testament et être témoin d'un testament. Cependant, malgré ces deux textes, tous les commentateurs enseignent que le prodigue devait être relevé de son interdiction par le préteur, et que sa bonne conduite ne suffisait pas à le rendre capable. Sans doute ce système est très-rationnel : ce que le magistrat a fait, un autre magistrat peut seul le défaire, et il importe aux tiers de savoir précisément quelle est la capacité du prodigue, mais il ne s'appuie sur aucun texte.

On trouve dans Paul la formule d'interdiction, mais

on ne trouve nulle part la formule de main-levée, et il semble étrange que les deux textes que nous avons cités et qui seuls parlent de la fin de l'interdiction, n'aient fait aucune mention des formalités qu'on employait pour rendre au prodigue sa capacité.

III.

Nous sommes arrivés à la dernière partie de cette dissertation. Après avoir étudié la capacité du fou et du prodigue, il nous reste à parler de leurs curateurs. Nous le ferons aussi brièvement qu'il nous sera possible, laissant de côté les règles générales, et nous attachant seulement à exposer celles qui peuvent nous donner quelques éclaircissements sur la situation des fous et des prodigues dans la société romaine.

Nous ne parlerons donc ni des causes d'excuse de la curatelle, ni des actes qui pouvaient rendre les curateurs suspects. Il suffira de dire que les cas où le *crimen suspecti* pouvait être intenté, étaient les mêmes pour les curateurs des fous et des prodigues et pour les curateurs des mineurs de vingt-cinq ans (D. 26, 10, 3; § 2). Peut-être aussi ne sera-t-il pas inutile de faire remarquer que le mari ne pouvait être nommé curateur de sa femme, (Vatic. fragm. ; § 201, D. 27, 10, 14) d'abord, parce que le mariage était interdit entre le curateur et sa pupille, et ensuite parce qu'on craignait que le mari n'abusât de son autorité pour se dispenser de rendre ses comptes. C'est le contraire en droit français (Art. 506, C. N.). Ce qui doit nous préoccuper surtout c'est d'étudier les règles qui se rapportent directement à la nomination des curateurs du fou et du prodigue, à la nature de leurs pouvoirs, et aux garanties qu'ils étaient tenus de donner. Ces règles sont absolument les mêmes pour le curateur du fou et pour celui du prodigue : leur mode de nomination, leurs droits et leurs devoirs sont identiques, tous deux reçoivent de la loi ou du magistrat la mission d'exercer tous les droits du furieux et du prodigue (D. 27, 10, 1 pr.), sauf, bien entendu, ceux qui sont exclusivement attachés à leur personne. Notons cependant que, depuis Justinien, les pouvoirs du curateur du fou étaient seulement en suspens pendant les intervalles lucides (C. 5, 70, 6), tandis que ceux du curateur du prodigue cessaient définitivement dès que celui-ci était rétabli dans l'exercice de ses droits.

Nous avons vu plus haut que la loi des Douze Tables donnait aux agnats du furieux un pouvoir sur sa personne et sur ses biens, et nous avons montré que le mot *potestas* dont se servait la loi ne désignait nullement une autorité analogue à la puissance paternelle, mais seulement un pouvoir semblable à celui du tuteur. Servius, en effet, emploie ce mot dans la définition qu'il donne de la tutelle. C'est, dit-il, *vis ac potestas in capite libero.* Cette autorité donnée aux agnats avait uniquement pour but la protection du fou, ils étaient ses curateurs légitimes. (Inst. 1, 23 ; § 3. Ulp. Reg. 12 ; § 2, 1. Inst. Théoph. 1, 23 ; § 3). Le prodigue interdit était aussi sous la curatelle légitime de ses agnats (Inst. 1, 23 ; § 3. Ulp. Reg. 12 ; § 2. Inst. Théoph. 1, 23 ; § 3). Mais pour que le furieux et le prodigue fussent soumis à cette curatelle, il était nécessaire qu'ils fussent majeurs de 25 ans. Nous en trouvons la preuve dans le paragraphe de la loi des Douze Tables qui s'applique au furieux : « *Si furiosus est, adgna-* » *torum gentiliumque in eo pecuniaque ejus potestas esto.* » — *Ast ei custos nec escit.* » D'après tous les commentateurs *ast ei custos nec escit,* veut dire s'il n'a pas de gardien, s'il n'est ni en tutelle ni en curatelle. Ulpien développe cette idée dans la loi 3 *de tutelis* (D. 26, 1, 8). Nous pensons, dit-il, que la loi des Douze Tables qui met le furieux en curatelle ne s'applique pas aux pupilles. Par conséquent, si un impubère est furieux, il restera en tutelle, et s'il n'a pas de tuteur, on lui en nommera un. Et même, si le furieux est pubère, mais mineur de 25 ans, on ne lui nommera pas un curateur pour cause de folie, mais seulement pour cause de minorité. L'empereur Antonin (C. 5, 70, 1) (215) défend de donner un curateur aux fous et aux prodigues avant qu'ils soient parvenus à leur majorité. Il ne suffit pas qu'ils soient majeurs de 25 ans, il faut encore qu'ils soient *sui juris;* sans cela à quoi bon leur donner un curateur, puisqu'ils sont sous la puissance de leur père ? Nous en trouvons la preuve dans une constitution de Justinien (C. 5, 70, 7, pr.) (530). L'empereur défend de donner un curateur au fils de famille furieux, même pour administrer son pécule castrense.

Le curateur du prodigue et du fou était légitime ou honoraire. Les curateurs légitimes étaient les agnats aux termes de la loi des Douze tables, et plus tard les frères cognats, suivant une constitution de l'empereur Anastase (C. 5, 70, 5) (500). Quand le fou ou le prodigue n'avait pas d'agnats, le préteur ou le président de la Province lui nommait un curateur (D. 26, 5, 8, § 3. Gai. C. 1, § 198. Ulp. Reg. 12, § 1. D. 27, 10, 1, pr.) Souvent même ce magistrat nommait un curateur au fou ou au prodigue qui avait des agnats. Suivant Gaïus, cela arrivait lorsque le curateur légitime paraissait peu propre à remplir ses fonctions (D. 27, 10, 13).

M. Demangeat pense (Cours de droit romain, p. 399)

qu'au temps de Justinien, les curateurs étaient toujours nommés par les magistrats. Il s'appuie sur un passage des Institutes (Inst. 1, 23, § 3) ainsi conçu : « Les fu-
» rieux et les prodigues, bien que majeurs de vingt-cinq
» ans, sont placés par la loi des Douze Tables, sous la
» curatelle de leurs agnats. Mais à Rome, le préfet ur-
» bain ou le préteur, et dans les provinces, le président,
» ont coutume de leur donner un curateur sur enquête. »
Ce texte paraît formel au premier abord, mais si on le compare avec le passage correspondant des Institutes de Théophile, on est forcé d'admettre que, même au temps de Justinien, la curatelle légitime des agnats subsistait non-seulement en droit, mais aussi en fait. Théophile dit en effet (Inst. Théoph. 1, 23, § 3) : « Les fous et
» les prodigues sont sous la curatelle de leurs agnats,
» aux termes de la loi des Douze Tables. Mais à Rome,
» le préfet urbain ou le préteur, et dans les provinces le
» président, leur donnent des curateurs sur enquête,
» lorsque ils n'ont pas d'agnats, ou que leurs agnats ne
» sont pas capables de bien administrer. »
Ulpien nous apprend que la loi des Douze Tables ne permettait d'interdire que le prodigue héritier *ab intestat.* Elle ne s'appliquait ni à l'héritier testamentaire ni à l'af- franchi, qui ne peut jamais être héritier *ab intestat.* La loi ne permettait d'interdire le prodigue que pour con- server à chaque famille son patrimoine. La formule d'interdiction que prononçait le préteur (Paul, Sent., 3, 4 A. 4) était conçue dans le même esprit : « *Quando*
» *tu bona paterna avitaque profundis, liberosque tuos ad*
» *egestatem perducis...* »
Plus tard, le préteur interdit aussi les prodigues af- franchis ou héritiers testamentaires et leur donna des curateurs (Ulp., Reg. 12, 3). Il donna aussi des cura-

teurs à tous ceux qui ne pouvaient pas s'occuper de leurs affaires (Inst. 1, 23, 4; D. 27, 10, 2), c'est-à-dire aux faibles d'esprit (*stultus, fatuus, insanus, mente captus*), aux sourds, aux muets, aux malades incurables, mais sans les interdire.

C'étaient les parents du fou ou du prodigue qui demandaient pour lui un curateur au magistrat; Ulpien (D. 26, 5, 12, § 2) nous apprend qu'une mère avait demandé à l'empereur Antonin de nommer un curateur à ses fils prodigues; l'empereur y consentit en disant que les prodigues parlaient comme des gens raisonnables, mais administraient leurs biens comme des fous. Justinien ordonne (C. 1, 4, 28) que les enfants qui négligent de pourvoir à la curatelle de leur père furieux soient exhérédés. Si un étranger, après avoir averti les enfants, prend chez lui le fou que l'on abandonnait et administre ses biens, il sera, par cela seul, son héritier, quand bien même le fou aurait testé auparavant en faveur de ses enfants. La même peine frappera le père ou la mère s'ils négligent de prendre soin de leurs enfants furieux.

Souvent le père donnait, par testament, un curateur à son enfant furieux ou prodigue en l'instituant ou en l'exhérédant. Tous les textes s'accordent à dire qu'une pareille disposition était nulle. La loi des Douze Tables permettait de nommer par testament un tuteur mais non un curateur : *Uti legassit super pecunia tutelave suæ rei ita jus esto.* Mais le préteur ou le préfet de la ville confirmaient, par un décret, la nomination faite par le père (D. 26, 3, 1, § 3; Inst. 1, 23, 1; Inst. Théoph. 1, 23, 1; D. 27, 10, 16 pr.); Cujas rappelle à ce sujet que, suivant Dion Cassius (Hist. rom.), César avait donné pour curateur à Octave Brutus et plusieurs autres conjurés; il se demande si le testament de César pouvait contenir une semblable disposition, et il finit par dire que Dion Cassius avait mal lu ce testament et qu'il en avait rapporté les termes d'une façon inexacte. Je ne crois pas qu'il soit nécessaire d'aller jusque là; car Dion Cassius dit seulement que César chargea Brutus et quelques autres conjurés d'être les ἐπιτρόπους d'Octave, et l'on peut traduire ce mot par conseillers tout aussi bien que par curateurs.

Quand un père donnait par testament un curateur à son fils prodigue, le préteur était tenu de suivre la volonté exprimée par le père; il devait interdire le prodigue et lui donner le même curateur. Il paraît même qu'il était tenu de se conformer au désir du père plutôt qu'à son propre sentiment, et qu'il devait interdire le prodigue lors même qu'il lui aurait paru capable d'administrer sa fortune (D. 27, 10, 16, § 3). On se demandait, dans l'ancien droit, si le fils pouvait être curateur de son père furieux ou prodigue, car la folie et la prodigalité ne faisaient pas cesser la puissance paternelle. Les empereurs Antonin, Marc-Aurèle et Lucius Vérus résolurent affirmativement cette question, et tous les jurisconsultes se rangèrent à leur avis (D. 26, 5, 12, § 1; D. 27, 10, 1, § 1, 2, 4).

Les curateurs légitimes du furieux et du prodigue sont tenus de donner caution de bien administrer. Tous les actes qu'ils font avant d'avoir donné caution sont nuls (D. 27, 10, 7, § 1, 2), à moins qu'ils n'aient tourné à l'avantage de leurs pupilles; c'est seulement à partir de ce moment qu'ils représentent le fou ou le prodigue. Le prodigue reçoit lui-même cette caution; nous savons, en effet, qu'il est capable d'acquérir. Le fou ne peut recevoir, car il est absolument incapable de faire un acte juridique; son esclave (D. 46, 6, 2, 6) ou le fils qu'il a en sa puissance (D. 46, 6, 5) stipulera pour lui. Quand le curateur refuse de donner caution, le préteur peut lui ôter l'administration des biens du fou et nommer un autre curateur à sa place (D. 27, 10, 7, § 2). Il peut même faire saisir les biens du curateur récalcitrant (Inst. 1, 24, § 3), afin de donner un gage au fou. Le curateur nommé par le magistrat, sur enquête, était dispensé de donner caution (Gai. 1, 200 ; Inst. 1, 24 pr.).

Justinien (530) apporta des changements notables au mode de nomination des curateurs des furieux et des prodigues (C. 5, 70, 7, § 4, 5. 6). Il dispensa le curateur nommé dans le testament du père de donner caution, mais il lui imposa l'obligation de jurer sur les Évangiles devant le préfet de la ville ou le président de la province et devant trois des principaux citoyens, de gérer fidèlement avec zèle les affaires du furieux. Il obligea plus tard les tuteurs et les curateurs des mineurs de vingt-cinq ans à prêter le même serment. Suivant la même constitution, quand le père n'avait pas désigné de curateur dans son testament et que le furieux ou le prodigue n'avait pas d'agnats, le préfet de la ville ou le président de la province, assisté de l'évêque et de trois principaux citoyens, devait nommer le curateur. Si le furieux était de condition noble, le sénat était convoqué et lui nommait un curateur sur enquête. Si la fortune du curateur était considérable, il n'était pas tenu de donner caution, sinon il y était tenu. Tous ces curateurs étaient du reste obligés de prêter serment avant d'entrer en fonctions. Justinien leur ordonne de faire inventaire. Ils y étaient obligés déjà du temps d'Ulpien (D. 26, 7, 7).

Après avoir rempli ces diverses formalités, les curateurs du furieux et du prodigue avaient les pouvoirs les plus étendus (D. 26, 7, 48). Ils fournissaient des aliments au prodigue et au fou et ils en déterminaient eux-mêmes la quantité (Adr., Sent., § 12). Ils achetaient au nom du fou et du prodigue et la propriété était immédiatement transférée à leurs pupilles (D. 41, 1, 13, § 1). Ils pouvaient transiger avec ceux qui avaient volé le fou ou le prodigue, et dès que la chose volée était revenue entre leurs mains, elle cessait d'être *furtiva* (D. 47, 2, 56, § 4). Ils réclamaient par la *condictio* ce qui appartenait à leur pupille.

Quand le mariage de la fille était dissous, le curateur réclamait la dot au nom du furieux (D. 24, 3, 22, § 10). Justinien (530) charge le curateur de fournir aux enfants du fou, lorsqu'ils se marient, la dot et la donation anténuptiale (C. 1, 4, 28); le préfet de la ville, à Constantinople, et dans les provinces, le président et l'évêque en fixent le montant, après avoir pris l'avis du curateur et des personnes les plus considérables de la famille. Le curateur pouvait vendre les biens du fou et du prodigue (Gai. 2, 64), mais pour les fonds de terre, il fallait qu'il obtînt la permission du président. Celui-ci devait faire une enquête pour s'assurer de l'utilité de la vente (D 27, 9, 11).

Qu'arrive-t-il si le curateur vend sa chose en disant qu'elle appartient à son pupille? La loi 10 § 1 *de curat. fur.* (D. 27, 10, 10; § 1.) dit que la vente est valable, tandis que la loi 35 *de adq. rer. dom.* (D. 41, 1, 35.) dit qu'elle est nulle. Toutes deux sont d'Ulpien ; il est facile de les concilier. Dans la première, il s'agit d'un curateur qui veut vendre sa chose à un homme qui ne l'achèterait pas s'il savait qu'elle lui appartient; aussi lui dit-il qu'elle appartient à son pupille. Il agit en parfaite connaissance de cause; la vente est valable. La seconde s'occupe d'un curateur qui croit vendre la chose de son pupille, mais qui, en réalité, vend la sienne. Il n'y a pas vente puisqu'il n'y a pas volonté libre et éclairée de la part du vendeur. La vente serait aussi nulle si le curateur vendait la chose du furieux comme sienne propre, car le curateur n'a pouvoir d'aliéner les biens de son pupille que dans son intérêt, et, ici, il est bien certain qu'il n'a pas en vue l'intérêt du furieux, mais le sien propre (D. 27, 10, 10; § 1).

Le curateur pouvait donner en gage (D. 27, 10, 11.) la chose du furieux ou du prodigue, pourvu que la constitution de gage eût pour but l'intérêt de son pupille. Depuis la constitution de l'empereur Sévère, il fallait que le contrat de gage fût approuvé par le président de la province, pour qu'il fût valable. Autrement il donnait seulement lieu à une action personnelle, utile contre le furieux, dans le cas où l'argent prêté avait tourné à son avantage. C'est ce que décide l'empereur Gordien (C. 5, 70, 2). (239).

Quand le fou ou le prodigue a plusieurs curateurs, et que tous ont le pouvoir d'administrer, on peut se demander si chacun d'entre eux est capable de recevoir le remboursement des créances du furieux ou de vendre les biens qui lui appartiennent. Julien (D. 27, 10, 7; § 3) admet l'affirmative : le paiement sera valable et la vente donnera à l'acheteur le droit d'usucaper. Les curateurs absents au moment de l'acte sont censés consentir. S'ils étaient présents et s'ils s'opposaient à la vente ou au paiement, il ne pourrait avoir lieu. Ce texte semble contredire un texte de Gaïus (Gai. C. 2 ; § 4.) et un autre du même Julien (D. 47, 2, 56; § 4). Dans le titre *de curatore furiosi*, Julien nous dit que la vente faite par un des curateurs du furieux est valable, parce qu'elle est *facti potiùs quàm juris* et qu'elle donnera à l'acheteur le droit d'usucaper la chose du furieux. Elle ne l'en rendra donc pas immédiatement propriétaire. Le même jurisconsulte nous dit au contraire dans le titre *de furtis* que le curateur peut aliéner la chose du furieux en la livrant, et Gaïus décide de même. En effet, le curateur est le représentant du furieux, il a les pouvoirs les plus étendus, il doit donc être capable de transférer la propriété. Pour concilier, il faut admettre que le curateur qui agissait seul, avait moins de pouvoir que tous les curateurs réunis, et qu'il ne pouvait conférer que le droit d'usucaper *pro emptore* ou *pro soluto*.

D'après une constitution de Justinien, (C. 4, 47, 7.) (531) le curateur du fou peut en son nom renoncer à la société dont le fou faisait partie. En effet, la folie d'un des associés ne dissout pas la société comme l'aurait fait sa mort ou sa ruine. Il y a une bien grande différence entre l'associé qui est mort et celui qui est devenu fou, car celui-là peut, en revenant à la raison, rendre de nouveaux services à la société. De plus, les associés n'ont aucune raison d'être bienveillants pour l'héritier de leur co-associé ; mais ils doivent l'être pour celui qui a été leur compagnon et leur ami. Il continuera donc à faire partie de la société, et Justinien donne à son curateur le droit de renoncer à la société en son nom, si cette renonciation paraît profitable. Il paraît que cela faisait difficulté chez les anciens jurisconsultes. Justinien donne aussi les mêmes pouvoirs aux associés du fou.

Le curateur exerçait les actions du fou et du prodigue ; il les représentait en justice (D. 12, 2, 17 ; § 2) ; il pouvait postuler (D. 3, 1, 1-3.) pour eux, et interjeter appel des sentences rendues contre eux (Novel. 23, C. 1). Quand l'adversaire du fou ou du prodigue avait triomphé, on ne lui donnait pas l'action *judicati* contre le curateur (D. 26, 9, 5, 7. C. 5, 39, 1.), mais seulement contre le fou ou le prodigue. Quand l'adversaire du fou avouait la dette, cet aveu était valable et celui qui l'avait fait était tenu de *l'actio judicati* pourvu que le curateur fût présent à l'audience D. 42, 2, 6; § 3.), mais le curateur n'avait pas pouvoir de faire un pareil aveu au nom de son pupille (D. 42, 2, 6; § 4). Le curateur ayant la pleine administration des biens de son pupille pouvait en son nom déférer le serment, et cette délation était valable (D. 12, 2, 17; § 2). Il pouvait aussi transiger. (D. 47, 2, 56; § 4.)

Comme le curateur ne recevait de pouvoir que dans l'intérêt de son pupille, il était naturel qu'il fût incapable de faire toutes les choses qui auraient pu nuire à celui-ci. Aussi ne pouvait-il pas aliéner à titre gratuit les objets qui appartenaient au furieux ou au prodigue (D. 27, 10, 17). Il paraît cependant qu'il pouvait faire avec la permission du magistrat des libéralités utiles au furieux (D. 27, 10, 17.) : probablement des donations rémunératoires à ceux qui prenaient soin de lui. Il ne pouvait affranchir les esclaves (D. 40, 1, 13.), et si un testateur avait légué au furieux son esclave en le chargeant de l'affranchir, le curateur du furieux devait, suivant Pomponius, livrer l'esclave à un tiers qui l'affranchissait.

Quand la curatelle était finie, le furieux et le prodigue avaient contre leur curateur une action utile de gestion d'affaires pour le forcer à rendre compte (D. 27, 3, 4; § 3). Le curateur avait, de son côté, une action semblable pour se faire rembourser ses impenses. L'action du fou ou du prodigue contre son curateur était privilégiée (D. 27, 10, 15.) On admettait même qu'à la différence du tuteur ou du curateur, du mineur de vingt-cinq ans, le curateur du fou ou du prodigue pouvait être poursuivi avant la fin de la curatelle (D. 27, 3, 4, § 3). Le privilége que le fou, le prodigue ou le faible d'esprit avait sur les biens de son curateur, durait pendant toute la vie de celui-ci, et subsistait même après sa mort, mais il s'éteignait à la mort du prodigue ou du fou (D. 42, 5, 19, 21).

Il est impossible de jeter un regard sur l'ensemble des règles que nous venons d'exposer sans être frappé du parfait accord qui règne entre elles, et de l'enchaînement étroit qui les lie aux principes généraux, et cependant elles ne sauraient être comparées aux dispositions du droit français. Sans doute les articles des chapitres de l'interdiction et du conseil judiciaire ne sont pas unis entre eux par cette logique puissante qui distingue les décisions des jurisconsultes romains, mais quelle sagesse dans les mesures prises par le législateur français! L'avis du conseil de famille consulté sur l'opportunité de l'interdiction ou du conseil judiciaire, l'interrogatoire du fou ou du prodigue, la publicité donnée au jugement, la tutelle du fou qui le protége efficacement sans jamais lui nuire, l'assistance du conseil judiciaire qui laisse au prodigue presque toute son indépendance, sont d'heureuses innovations du droit moderne. Les jurisconsultes romains, qui ont discerné avec un tact merveilleux tous les effets que devaient produire les conventions, ont été facilement surpassés, toutes les fois qu'il s'est agi de régler l'état et la condition des personnes. Cela montre l'immense supériorité de la société moderne.

DROIT FRANÇAIS.

DU CONSEIL JUDICIAIRE.

L'usage d'interdire les prodigues s'est perpétué en France jusqu'à la Révolution. Plusieurs coutumes réglaient la procédure des demandes d'interdiction pour cause de prodigalité, et dans les provinces où la coutume était muette, personne ne doutait qu'on n'eût le droit de mettre les prodigues en curatelle. On suivait assez exactement le droit romain en cette matière et même, dans certains pays, on y avait ajouté des règles fort sages et assez favorables aux prodigues. Ainsi les coutumes de Flandre (Lille (1533), ch. 4, n° 9; la Gorgue (1627), Rub. 14, art. 146 ; Bergh Saint-Winox (1617), Rub. 13, art. 1 ; Douai et Orchies (1628), ch. vii, art. 9, 11) ordonnaient d'entendre le prodigue avant de l'interdire. La coutume de Bretagne (1539. Art. 495) permettait seulement à la femme du prodigue et à ses plus proches parents de demander son interdiction. Elle ordonnait de publier les demandes d'interdiction, et elle annulait les contrats faits par le prodigue après que la demande avait été bannie. Les coutumes de Flandre se bornaient à prescrire la publication des sentences d'interdiction; les obligations souscrites par le prodigue après cette publication étaient rachetables pour deux sous et demi (La Gorgue, Rub. 14, art. 147). La coutume de Lille chargeait le juge de régler sommairement l'administration des biens du prodigue pendant le cours de la procédure d'interdiction. Suivant d'Argentré (sur l'art. 201, anc. cout. bret.) et Perchambault (sur l'art. 518, nouv. cout. bret.), on ne pouvait interdire en Bretagne que ceux qui avaient dissipé au moins le tiers de leur fortune.

Ces diverses dispositions nous prouvent que le droit coutumier tendait non-seulement à défendre les prodigues contre leurs passions, mais aussi à les protéger contre l'avidité de leurs parents. Tel fut aussi le but que se proposèrent les Parlements, et Maleville n'en fait pas un médiocre éloge en nous disant qu'à la vérité il avait vu des gens qui méritaient d'être interdits et qui ne l'avaient pas été, mais qu'il n'avait vu interdire injustement personne. Voici quelques-uns des principaux arrêts qui ont été rendus en cette matière :

Suivant un arrêt du Parlement de Paris en date du 12 avril 1735, on doit interdire plus facilement un prodigue lorsqu'il est faible d'esprit que lorsqu'il est parfaitement raisonnable, et l'on doit se montrer plus rigoureux envers un père de famille que envers un célibataire.

D'après un arrêt du Parlement de Flandre du 19 juillet 1710, le testament du prodigue est valable lorsqu'il dispose sagement de ses biens. Un arrêt du Parlement de

Bretagne rendu le 10 août 1774 reproduit la règle romaine : les créanciers du prodigue ne peuvent s'adresser qu'à son curateur pour obtenir le payement de leurs créances ; par conséquent, la saisie réelle pratiquée sur le prodigue est nulle. Un arrêt du Conseil de Roussillon fait remonter les effets de l'interdiction au commencement de la procédure, parce que ceux qui avaient traité avec le prodigue étaient de mauvaise foi. Le Parlement de Rouen ordonna, le 31 janvier 1597, de publier les actes d'interdiction aux prônes et aux marchés et de les afficher dans les études des notaires. Un arrêt du Grand-Conseil, du 10 juin 1717, décide que l'interdiction subsiste jusqu'à ce que le prodigue en ait fait prononcer la main-levée.

En 1781, le Parlement de Paris juge que le prodigue n'a pas besoin de l'assistance de son curateur pour demander la main-levée de son interdiction ; il suffit qu'il forme cette demande devant le juge de son domicile. Un arrêt du même Parlement, du 17 avril 1734, décide que la femme peut être nommée curatrice de son mari prodigue. C'était l'usage en Bretagne (Art. 532, cout. bret.). Tous les Parlements permettaient de nommer plusieurs curateurs à la fois.

Le Parlement de Paris nomma le duc d'Enghien et le prince de Condé curateurs de l'abbé d'Orléans. On permettait aussi quelquefois aux parties intéressées de se faire représenter par un mandataire dans le conseil de curatelle.

L'interdiction faisait perdre au prodigue non-seulement le droit d'aliéner ses biens, mais encore celui de les administrer et d'en toucher les revenus. Son curateur était chargé de lui fournir des aliments, de là de nombreuses contestations dont nous trouvons la trace

dans les arrêts des Parlements. Pour obvier à ces difficultés, quelques coutumes permettaient de laisser au
prodigue interdit l'administration de ses biens (Cout.
Bergh Saint-Winox, Rub. 13, art. 18). Souvent aussi
les juges saisis d'une demande en interdiction se bornaient à défendre au prodigue de faire les actes les plus
importants sans l'assistance d'un conseil que l'on appelait : conseil donné par justice.

L'usage de donner un conseil aux prodigues paraît
fort ancien, car une ordonnance de janvier 1629, —
art. 143, — prescrit d'afficher dans les greffes les interdictions et les nominations de conseil pour cause de prodigalité. Les coutumes n'en parlent point, cela prouve
qu'il fut imaginé par les Parlements. Ce conseil devait
toujours être nommé par le juge.

La famille du prodigue et le prodigue lui-même pouvaient le demander; le prodigue, cependant, n'aurait pu
demander son interdiction. La sentence qui nommait le
conseil devait être rendue publiquement ; elle devait être
précédée de l'avis des parents, d'une enquête et de l'interrogatoire du prodigue. C'était la procédure suivie
dans les demandes d'interdiction. On pouvait nommer
plusieurs conseils à la fois. Quand le prodigue appelait
du jugement qui lui avait nommé un conseil, son incapacité subsistait malgré cet appel. Cet appel ne pouvait
être formé ni contre les parents qui avaient été d'avis
qu'on nommât un conseil, ni contre le conseil; le seul
contradicteur était le ministère public. Les fonctions du
conseil étaient plus ou moins étendues, suivant ce que
portait le jugement de nomination; quelquefois on défendait seulement au prodigue de vendre ses immeubles
ou de plaider :

Je ne sais pas quel biais ils ont imaginé,
Ni tout ce qu'ils ont fait, mais on leur a donné
Un arrêt par lequel, moi vêtue et nourrie,
On me défend, monsieur, de plaider de ma vie.

Quels que fussent, du reste, les actes qui étaient interdits au prodigue, le rôle du conseil se bornait à assister le prodigue ; il ne pouvait ni le forcer à agir, ni agir en son nom ; le curateur, au contraire, n'avait pas besoin de prendre l'avis du prodigue. Le conseil ne pouvait être nommé dans les contrats faits par le prodigue ou dans les actes de procédure, que comme approuvant ce que le prodigue faisait. Les créanciers du prodigue devaient s'adresser directement à lui : la procédure qu'ils formaient contre son conseil était nulle. Le prodigue, pourvu d'un conseil, conservait ordinairement le droit d'administrer ses biens et d'en percevoir les revenus ; en ce cas, le conseil n'était comptable de rien. Le prodigue pouvait tester sans l'assistance de son conseil. Il pouvait aussi se marier sans cette assistance et se référer, pour ses conventions matrimoniales, à la coutume du lieu où il se mariait. Suivant un arrêt du Parlement de Paris, du 7 juin 1760, le prodigue ne pouvait agir seul lorsque son conseil était mort ou lorsqu'il avait donné sa démission ; il fallait qu'il s'en fît nommer un autre. Quand la cause qui avait nécessité la nomination du conseil cessait, le juge prononçait la main-levée du conseil en observant les formes qui avaient été suivies au moment de sa nomination. Ces règles, que nous trouvons dans un recueil de jurisprudence publié à la fin du siècle dernier (Nouveau Denizart. Conseil donné par justice), sont à peu près les mêmes que celles qui ont été tracées par le code en matière de conseil judiciaire.

Les nominations de conseil pour cause de prodigalité devinrent beaucoup plus fréquentes que les interdictions, mais cependant l'interdiction des prodigues resta en usage et ne fut abolie qu'après 1789. Le 2 septembre 1793, on proposa pour la première fois à la Convention d'abroger les lois qui autorisaient l'interdiction des prodigues. Cette proposition fut décrétée, mais le décret n'eut pas de suite. L'acte constitutif du 5 fructidor an III contient implicitement cette abrogation. L'art. 13 de cet acte est ainsi conçu : « L'exercice des droits de citoyen est suspendu : 1° par l'interdiction pour cause de fureur, démence ou imbécillité ; 2° .... » Par conséquent, dirent les commentateurs, l'interdiction ne peut avoir lieu que pour cause de fureur, démence ou imbécillité. Cette interprétation fut presque universellement admise. Merlin cite une lettre du ministre de la justice, du 16 vendémiaire an VIII, suivant laquelle le conseil des Cinq-Cents aurait passé à l'ordre du jour sur la question de savoir si l'interdiction pour cause de prodigalité était encore permise. Un jugement du tribunal de Montpellier, du 7 messidor an VII, avait cependant prononcé l'interdiction pour prodigalité. En revanche, le tribunal de cassation, par arrêt du 24 nivôse an X, avait cassé un jugement du tribunal d'appel de Rouen qui défendait à un prodigue d'aliéner et d'hypothéquer ses immeubles sans prendre l'avis d'un conseil. Suivant le tribunal de cassation, les juges ne pouvaient restreindre la capacité d'un prodigue sans commettre un excès de pouvoir et sans empiéter sur l'autorité législative.

Les rédacteurs du Projet de Code ne crurent pas que la crainte de voir le prodigue se ruiner pût justifier les mesures que l'ancienne jurisprudence avait prises contre lui ; le projet qu'ils présentèrent au Conseil d'État ne donnait aux parents du prodigue aucun moyen d'arrêter ses dissipations ; mais les tribunaux d'appel réclamèrent (Fenet, t. 3, 4, 5). Cambacérès, Maleville, Bigot-Préaméneu et Portalis demandèrent que l'on rétablît l'interdiction pour cause de prodigalité, ou tout au moins que l'on permît aux juges de nommer un conseil aux prodigues ; Regnault, Berlier et Tronchet soutinrent l'avis contraire. Voici les principaux arguments que l'on peut faire valoir à l'appui de chacune de ces opinions.

Les partisans de la négative soutiennent que toute restriction apportée à la capacité du prodigue est à la fois injuste, inutile et dangereuse. Le majeur sain d'esprit doit pouvoir disposer librement de sa fortune. En l'en empêchant on porte atteinte au droit de propriété, et, en même temps, on tend un piége aux tiers qui ne seront jamais suffisamment avertis. Autant il est facile de s'assurer que celui avec qui l'on traite est majeur et sain d'esprit, autant il sera difficile de découvrir qu'il a été pourvu d'un conseil judiciaire. Quels dangers pour les acheteurs, quelle source de défiance, quelles entraves à la liberté des transactions ! Combien de familles seront ruinées pour que la famille du prodigue puisse recueillir sa fortune ! Cette incapacité si dangereuse pour les tiers de bonne foi sera-t-elle, au moins, salutaire pour le prodigue ? Si on lui ôtait l'administration de ses biens et la disposition de ses revenus, on pourrait peut-être l'espérer ; mais le prodigue, maître de dépenser en quelques jours ses revenus de toute l'année, ne forcera-t-il pas son conseil judiciaire à autoriser des emprunts sans lesquels il lui serait impossible de vivre ? Ne sait-on pas, du reste, qu'il suffit d'administrer mal ses biens pour dissiper complétement sa fortune ? Les tribunaux pourront-ils intervenir assez tôt ? La plus grande partie des biens du prodigue ne sera-t-elle pas consumée avant qu'on lui ait nommé un conseil judiciaire? Qu'il sera difficile de reconnaître la prodigalité et de déterminer la mesure dans laquelle on peut dépenser sa fortune ! « Les » uns, dit M. Batbie (Correspondant, 25 janvier 1866), » dévorent leur bien dans les plaisirs, et les autres dans » les projets. Celui-ci a des passions violentes et diverses; » celui-là est poursuivi par une idée à laquelle il sacrifie » tout ce qu'il possède. Les tribunaux auront-ils, dans » les deux cas, le même pouvoir d'appréciation? »

Quelles que soient la force de ces raisons et l'autorité des jurisconsultes qui les ont exprimées, nous n'hésiterons pas à défendre les règles tracées par le Code Napoléon. Rappelons-nous d'abord que tous les jurisconsultes romains et tous les anciens jurisconsultes français ont considéré la prodigalité comme une juste cause d'incapacité. En effet, l'équité ne défend pas plus au législateur de priver le prodigue du droit de disposer de ses biens, que d'ôter ce droit au mineur ou à l'insensé. Le mineur a, aussi bien que le majeur, le *jus utendi et abutendi*, l'insensé aussi bien que l'homme raisonnable ; le législateur leur a ôté l'exercice de ce droit dans leur intérêt et aussi dans l'intérêt de la société qui souffrirait de leur ruine. Personne ne critique cette mesure ; pourquoi donc refuser au législateur le droit de frapper d'incapacité le prodigue? Sa ruine est-elle moins certaine que celle du mineur? La société en souffrira-t-elle moins? Personne ne le prétend, mais on invoque l'intérêt des tiers qui, dit-on, ignorent souvent l'incapacité du prodigue. Les mesures prises par le législateur pour assurer la publicité des jugements de nomination de conseil sont cependant efficaces, et, au besoin, on pourrait en prendre d'autres, mais, en réalité, il est rare que ceux qui traitent avec un prodigue ignorent qu'il est pourvu d'un conseil judiciaire. Ceux qui prêtent aux prodigues savent le plus souvent à quels dangers ils s'exposent et courent volontairement la chance de perdre leur argent. Il paraît difficile qu'un prodigue vende des immeubles, si éloignés de son domicile qu'on les suppose, sans que son conseil en soit instruit et sans qu'il puisse avertir l'acheteur. Les tribunaux sont moins embarrassés pour reconnaître les caractères de la prodigalité que nos adversaires ne le supposent ; les spéculateurs insensés méritent autant que les dissipateurs d'être frappés d'incapacité. « Si la justice vient à frapper d'une » demi-interdiction le *chercheur*, eût il du génie, c'est » que la femme et les enfants de l'homme de génie ont, » après tout, le droit de ne pas mourir de faim (M. Duverger. Revue critique, juill. 1860). » Le prodigue n'eût-il que les débris de sa fortune au moment où on lui nomme un conseil, il vaut mieux les lui conserver que de les laisser perdre. Il vaut même mieux retarder la ruine du prodigue, fût-elle certaine, que de la laisser se consommer immédiatement.

Telles sont les raisons qui ont déterminé les rédacteurs du code à écrire le chapitre du Conseil judiciaire. En le présentant au corps législatif, le 28 ventôse an XI, Emery dit qu'à la vérité chaque propriétaire avait le *jus utendi et abutendi* ; mais que si la dissipation tournait en habitude, on devait voir dans le prodigue une espèce de fou. Sans insister davantage sur ce sujet, nous allons examiner les règles que le législateur a tracées en matière de conseil judiciaire. Les tribunaux peuvent nommer un conseil à deux sortes de personnes, les faibles d'esprit et les prodigues. Quelle que soit, du reste, la cause qui a amené la nomination du conseil, les effets de cette nomination sont identiques. Nous allons donc déterminer d'abord les cas dans lesquels les tribunaux peuvent nommer un conseil pour faiblesse d'esprit et pour prodigalité, nous étudierons ensuite la procédure de la demande en nomination de conseil, les pouvoirs de ce conseil, la capacité de la personne qui en a été pourvue, et la procédure de la demande en main-levée de conseil.

I.

L'article 499 permet aux tribunaux de nommer un conseil judiciaire aux personnes faibles d'esprit. Il est ainsi conçu : « En rejetant la demande en interdiction, » le tribunal pourra néanmoins, si les circonstances » l'exigent, ordonner que le défendeur ne pourra désor- » mais plaider, transiger, emprunter, recevoir un ca- » pital mobilier, ni en donner décharge, aliéner, ni » grever ses biens d'hypothèques, sans l'assistance d'un » conseil qui lui sera nommé par le même jugement. » D'après la jurisprudence, qui, sur ce point, est d'accord avec la doctrine, les termes de l'article que nous venons de citer permettent aux tribunaux de donner un conseil judiciaire aux personnes qu'une infirmité grave rend incapables de gérer convenablement leurs affaires, quelque soit du reste l'état mental de ces personnes. C'est ainsi que l'on nomme quelquefois un conseil judiciaire à des sourds muets (Rouen, 18 mai 1842). On s'appuie pour cela sur les mots : « si les circonstances l'exigent, » qui semblent en effet donner aux tribunaux une grande latitude d'appréciation. Nous pensons même, avec la cour de Rouen, (18 janv. 1865) que le tribunal peut, en re-

jetant une demande d'interdiction, nommer au défendeur un conseil judiciaire pour cause de prodigalité.
Cette décision nous semble conforme au texte de la loi ;
elle permet d'éviter des frais et des lenteurs inutiles, elle
ne cause aucun préjudice au défendeur, puisque la procédure de la demande en interdiction est la même que
celle de la demande en nomination de conseil.

On s'est demandé si l'article 499 était toujours applicable, sans qu'on eût à rechercher par quelle personne
la demande en interdiction avait été introduite.

La cour de Besançon (25 août 1810) a déclaré qu'il
n'était pas applicable lorsque le ministère public demandait l'interdiction pour cause de fureur. La nomination
du conseil judiciaire, dit cet arrêt, n'a trait qu'à un intérêt privé, tandis que la demande du ministère public
est uniquement formée dans un intérêt public ; le ministère public ne demande pas à la fois l'interdiction et la
nomination du conseil. L'art. 499 nous paraît trop absolu pour que nous puissions adopter cette opinion. Dans
tous les cas où une demande d'interdiction a été formée,
le tribunal peut, en la rejetant, nommer un conseil judiciaire au défendeur ; l'ordre public est intéressé à ce
que les faibles d'esprit ne soient pas dépouillés de leur
fortune.

On pense généralement que le défendeur à une
demande en interdiction, qui a été pourvu d'un conseil
judiciaire par application de l'article 499, doit supporter
seul les frais de cette demande; les conclusions tacites
et subsidiaires de ses adversaires ayant été adoptées par
le tribunal.

Si l'on s'en tenait exactement aux termes de notre article, on serait obligé de former une demande d'interdiction toutes les fois que l'on voudrait faire nommer un

conseil judiciaire à un faible d'esprit. Un pareil détour serait puéril ; aussi l'on a universellement admis que cette demande pourrait être formée directement. D'après l'article 480, 3° et 4°, du Code de procédure, combiné avec l'article 499 du Code Napoléon, une demande subsidiaire de conseil judiciaire est comprise dans toute demande d'interdiction. Pourquoi ne pourrait-on pas les séparer ? On admet, par le même motif, que le demandeur en interdiction qui a succombé devant les premiers juges, peut, en appel, conclure purement et simplement à la nomination d'un conseil judiciaire (Paris, 26 therm. an XII).

Le Code n'a donné aucune définition de la faiblesse d'esprit ni de la prodigalité : les tribunaux apprécient la gravité des faits qui leur sont révélés et jugent s'il y a lieu de donner un conseil judiciaire. Le législateur s'est appliqué seulement à déterminer la forme et les effets de cette demande. Il semble donc inutile de chercher en quoi consistent la prodigalité et la faiblesse d'esprit, et d'énumérer les faits qui peuvent amener la nomination d'un conseil judiciaire. Certains arrêts qui nomment un conseil judiciaire pour des causes spéciales sont cependant intéressants à étudier. Nous citerons notamment un arrêt de la Cour de Lyon (24 fév. 1859) qui nomme un conseil à un homme qui avait la manie de plaider, et un arrêt de la Cour de Besançon (2 fév. 1805) qui nomme un conseil à un homme qui se ruinait par haine pour sa famille. Le plus remarquable de tous est, sans contredit, un arrêt de la Cour de Paris du 7 janvier 1856, qui rejette une demande en nomination de conseil formée contre une femme mariée sous le prétexte qu'elle avait souscrit des obligations pour venir en aide à son mari. Quelles que puissent être les consé-

quences de ces engagements, dit la Cour, en cette matière, c'est l'objet et non le résultat des obligations qu'il
faut considérer. C'est proclamer que chacun est libre de
dépenser toute sa fortune quand il se propose un but
raisonnable et que la loi ne met obstacle qu'aux profu-
sions inutiles et insensées. C'était l'avis de Cicéron (Cic.
de Offic., 2, 16).

On peut nommer un conseil judiciaire à toute sorte
de personnes, quels que soient leur âge, leur sexe et leur
position. Ainsi, on peut nommer un conseil judiciaire à
une personne qui n'a qu'une rente viagère pour patrimoine (Turin, 8 janv. 1807), ou même à une personne
absolument sans fortune (Cass., 6 mai 1820); ce conseil
les empêchera de dissiper les biens qu'elles pourront
acquérir plus tard. D'après l'avis unanime de la doctrine
et de la jurisprudence, on peut nommer un conseil judiciaire à une femme mariée. Ce conseil lui sera utile si
elle est séparée de biens, car alors elle pourrait recevoir
seule ses capitaux (art. 1449); ou si son mari l'encou-
rage à dissiper sa fortune. Une pareille nomination n'est
nullement contraire à l'autorité maritale, car la femme
est maîtresse d'accorder ou de refuser son consentement
aux actes que son mari lui propose, et l'assistance du
conseil judiciaire n'est que le complément de sa volonté.
Bien entendu, il faut que la femme défenderesse à la
demande de conseil judiciaire ait été autorisée par son
mari ou par le tribunal à ester en justice. Sans cela
toute la procédure et même le jugement qui nomme le
conseil pourraient être annulés sur la demande du mari
(Cass., 6 janv. 1822); l'article 215 est absolu.

Suivant l'opinion générale, on peut nommer un conseil judiciaire à un mineur, si sa faiblesse d'intelligence
ou ses dépenses exagérées font craindre sa ruine. L'ar-

ticle 513 et l'article 499 ne font aucune distinction. Ce conseil peut être utile, car, aux termes de l'article 1305, il faut que le mineur prouve qu'il a été lésé pour qu'il obtienne la rescision des obligations qu'il a contractées; et cette preuve est inutile pour celles qu'il a consenties sans l'assistance de son conseil judiciaire. Certains tribunaux, moins préoccupés de l'utilité du conseil judiciaire pendant la minorité, se sont bornés à le nommer pour le moment où le mineur atteindrait l'âge de vingt-et-un ans (C. Bourges, 5 mai 1840). Cette décision nous semble parfaitement régulière. La demande de nomination de conseil formée contre un mineur doit être intentée à la fois contre lui et contre son tuteur. Contre lui, parce qu'il doit être personnellement défendeur pour que le magistrat puisse l'interroger (art. 496); et contre son tuteur, parce qu'il est chargé de veiller aux intérêts du mineur et de le protéger (art. 450). Sans cela la procédure et le jugement seraient nuls (C. Bordeaux, 6 juin 1855).

II.

Les personnes qui peuvent demander la nomination d'un conseil judiciaire pour cause de prodigalité ou de faiblesse d'esprit, sont les mêmes que celles qui peuvent demander l'interdiction. L'article 499 commence par ces mots : « En rejetant la demande en interdiction, » et l'article 514 est ainsi conçu : « La défense de procéder » sans l'assistance d'un conseil peut être provoquée par » ceux qui ont droit de demander l'interdiction. » Ces personnes sont énumérées dans l'article 490 : « Tout pa- » rent est recevable à provoquer l'interdiction de son

» parent. Il en est de même de l'un des époux à l'égard
» de l'autre. »

Aux termes de cet article, combiné avec l'article 514,
tous les parents, sans distinction de degrés et de ligne,
peuvent provoquer la nomination du conseil judiciaire.
Nous pensons cependant qu'il ne s'agit que des parents
au degré successible (art. 755), seuls ils ont intérêt à la
nomination du conseil. Le tuteur des parents mineurs ou
interdits pourra la demander en leur nom ; il est chargé
de défendre leurs intérêts et de les représenter dans tous
les actes civils (art. 450-1°). Aucun article ne lui impose
l'obligation de demander pour cela l'autorisation du conseil de famille. Cependant nous pensons qu'il fera bien
de demander son avis, car une pareille démarche est
grave, et le parent à qui l'on nommerait un conseil judiciaire à la requête du tuteur, pourrait déshériter le mineur ou l'interdit. Le père, ayant l'administration légale
des biens de ses enfants, peut aussi former cette demande
en leur nom. Le fils peut demander qu'on nomme un
conseil judiciaire à son père. L'époux séparé de corps
peut former une pareille demande contre son conjoint ;
l'article 490 ne distingue pas, et l'article 768 est encore
applicable. Lorsqu'une femme demande la demi-interdiction de son mari, il est nécessaire qu'elle soit autorisée par son mari ou par le tribunal à ester en justice,
l'article 215 est absolu.

On admet généralement que les alliés n'ont pas le
droit de provoquer la nomination du conseil judiciaire.
L'article 490 ne parle que des parents, et tout ce qui re-
garde l'état des personnes est de droit étroit. Les alliés
n'auraient, du reste, aucun intérêt à former une pareille
demande, car ils ne succèdent point. On pourrait cependant faire valoir contre cette opinion l'article 407, qui

admet les alliés dans le conseil de famille et qui, par conséquent, les autorise à donner leur avis sur l'opportunité du conseil judiciaire (art. 494, 514 combinés) et sur les articles 206 et 207 qui imposent aux gendres et aux beaux-pères et belles-mères l'obligation de se fournir des aliments. Le défaut de qualité des alliés constitue une exception péremptoire et peut être opposé en tout état de cause (C. Paris, 23 mai 1835).

Suivant l'opinion générale, le ministère public a le droit de demander la nomination du conseil judiciaire lorsque le prodigue ou le faible d'esprit n'a pas de parents connus. Les articles 400 et 514 renvoient aussi bien à l'article 401 qu'à l'article 400, et si le tribunat avait demandé qu'on ôtât ce droit au commissaire du gouvernement (Locré, Législ. civ., t. vii, p. 347), son avis ne fut pas suivi par les rédacteurs du Code. Une pareille mesure est, du reste, utile non-seulement au prodigue, mais encore à la société, qui est intéressée à ce que les familles se maintiennent. Le ministère public, étant demandeur, devra prouver que le prodigue n'a pas de parents connus. L'absence déclarée ou seulement présumée des parents du prodigue ou leur interdiction équivaut à leur non-existence (Arg. d'anal. des art. 149, 150).

Pour avoir énuméré les personnes qui peuvent demander la nomination du conseil judiciaire, il nous reste à examiner si le prodigue ou le faible d'esprit peut lui-même former cette demande. Supposons, en effet, que les parents du prodigue ne s'occupent pas de ses intérêts, leur présence empêchera le ministère public d'agir et la ruine du prodigue sera inévitable ; en demandant un conseil judiciaire il pourrait prévenir ce malheur ; ce ne serait pas renoncer à sa capacité, car le tribunal seul la lui ôterait après avoir examiné les faits et après s'être convaincu de l'utilité de cette mesure. Les tiers ne pourraient pas en souffrir, car les actes passés avant la nomination du conseil judiciaire reçoivent tous leur plein et entier effet. Le projet du Code contenait le chapitre du conseil volontaire et permettait, à ceux qui se croyaient incapables d'administrer leurs biens, de demander un conseil judiciaire. A la vérité, ce chapitre a été supprimé comme inutile, mais le Code ne contient aucun article qui s'oppose à la recevabilité d'une pareille demande. Ces raisons n'ont pas semblé assez fortes pour autoriser une semblable demande, et, suivant l'opinion la plus accréditée, le prodigue ne peut demander lui-même que l'on modifie sa capacité. Les principes généraux de notre droit s'y opposent ; on ne peut consentir à un changement d'état ; le Code civil et le Code de procédure supposent toujours que le prodigue est défendeur ; c'est dire implicitement qu'il ne peut avoir un autre rôle dans une semblable instance. Cette difficulté est, du reste, purement théorique, car elle n'a jamais été résolue par les tribunaux et il est vraisemblable que les prodigues se décideront bien rarement à demander qu'on les empêche de dissiper leur fortune. Le prodigue pourra demander qu'on lui nomme un conseil judiciaire quand celui que le tribunal lui avait désigné sera mort ou se sera retiré. En agissant ainsi, il ne demande pas qu'on diminue sa capacité, mais seulement qu'on lui permette de l'exercer dans les limites que le jugement précédemment rendu lui a tracées. Autrement, ses parents pourraient le laisser sans conseil, afin qu'il fût absolument incapable d'aliéner ses biens, car la mort du conseil judiciaire ne rend pas au prodigue sa capacité.

Quand un des parents du prodigue a formé contre lui

une demande en nomination de conseil et qu'il conduit
mal l'instance, les autres parents ont intérêt à intervenir
afin d'empêcher que le prodigue n'obtienne une décision
favorable. Ils y ont qualité, car ils pourraient eux-mêmes
demander le conseil judiciaire.

Pour repousser cette intervention, il faudrait soutenir
que la demande formée par un des parents du prodigue
dépouille tous les autres parents du droit que leur donne
les articles 490 et 514. Il n'en est rien. Si les parents
du prodigue gardent le silence et laissent agir le provoquant, c'est qu'ils pensent que leurs intérêts sont suffisamment protégés ; mais, dès qu'ils craignent une décision défavorable, ils peuvent prendre part au procès, en
appel comme en première instance. Le prodigue ne saurait s'en plaindre, c'est toujours la même demande : le
nom seul du demandeur a changé.

Si les parents qui se sont laissé prévenir restaient inac-
tifs et laissaient le prodigue obtenir une décision défini-
tive, ils seraient obligés d'attendre de nouveaux faits de
prodigalité pour demander un conseil. Vainement, en
effet, ils s'appuieraient sur l'article 1351 pour prétendre
que le prodigue ne saurait leur opposer le jugement pré-
cédent.

Le tribunal ne souffrirait pas que les parents d'un prodigue vinssent l'un après l'autre demander son interdiction en alléguant des faits qui déjà auraient été jugés in-
suffisants.

D'après les articles 490 et 513 *in fine*, le conseil judiciaire ne peut être nommé que par le tribunal. Si l'on
avait permis au conseil de famille de le choisir, les parents du prodigue auraient toujours désigné celui d'entre
eux qui leur aurait semblé le moins disposé à autoriser
les actes d'aliénation. Par le même motif, les juges choi-

siront plutôt pour conseil judiciaire une personne étran-
gère à la famille qu'un des proches parents; du reste,
ils sont parfaitement libres de désigner qui bon leur
semble.

La demande de conseil doit être instruite et jugée de la
même manière que la demande d'interdiction (art. 514).
Cette disposition de la loi nous renvoie aux articles 492-
498, 500, 501 du Code civil et 890-897 du Code de procédure. D'après l'article 492, la demande en nomination
de conseil doit être portée devant le tribunal de première
instance.

Suivant les uns, il s'agit ici du tribunal de la résidence du prodigue qui, disent-ils, est plus en état que
tout autre d'apprécier les circonstances de la cause. Suivant les autres, et c'est aussi notre avis, le tribunal du
domicile est seul compétent. Il s'agit ici, en effet, d'une
action personnelle (art. 59 Pr.). Les articles 407 et 500
combinés ordonnent que le conseil de famille, dont le
tribunal doit prendre l'avis, soit réuni dans la commune
où le prodigue a son domicile, et l'article 32 de la loi du
30 juin 1838 que l'on peut invoquer par analogie, charge
le tribunal du domicile de l'aliéné de lui nommer un
administrateur provisoire. Ce système paraît être suivi
par la jurisprudence (Cass. 23 juill. 1840). Cependant il
arrive souvent que le tribunal de la résidence juge la demande de conseil lorsque le prodigue ne s'y oppose pas.
Selon nous, un pareil jugement est nul; le consentement
du prodigue n'a aucune valeur en pareille matière : l'état
des personnes est d'ordre public et la loi seule peut en
disposer. Bien entendu, le tribunal saisi de la demande
en nomination de conseil reste compétent lors même
que le prodigue changerait de domicile pendant l'instance (Paris, 23 nov. 1838).

Aux termes des articles 493 du Code civil et 890 du Code de procédure, la demande en nomination de conseil doit être introduite par une requête présentée au président du tribunal. On y expose les preuves de prodigalité ou de faiblesse d'esprit qui doivent motiver la nomination du conseil, on y joint la liste des témoins et les pièces justificatives. L'omission de joindre à cette requête l'indication des pièces justificatives et la liste des témoins n'entraîne pas nullité, car il se peut que le demandeur n'ait pas pu se procurer de pièces justificatives, et que la notoriété des faits de prodigalité dispense d'appeler des témoins (C. Agen, 18 fév. 1841).

Le président du tribunal ordonne la communication de la requête au ministère public et commet un juge pour faire rapport à jour indiqué (art. 891 Pr.). Sur le rapport du juge et sur les conclusions du procureur impérial, le tribunal ordonne que le conseil de famille, formé selon le mode déterminé par le Code civil (art. 405 à 419), donnera son avis sur l'utilité du conseil judiciaire (art. 401 C. N.; 892 Pr.). Les demandeurs ne pourront faire partie de ce conseil de famille ; cependant le mari ou la femme et les enfants du prodigue pourront y être admis sans avoir voix délibérative (art. 495 C. N.).

Un jugement qui nommerait un conseil judiciaire sans avoir pris l'avis du conseil de famille serait nul (Cass., 10 août 1850). Les termes des articles que nous venons de citer sont trop précis pour qu'il puisse y avoir doute sur ce point. Si le conseil de famille a été composé irrégulièrement, le tribunal jugera si l'irrégularité commise suffit à annuler la délibération (C. Agen 18 fév. 1841). La requête et l'avis du conseil de famille doivent être signifiés au prodigue (art. 893-1° Pr.) avant qu'il soit procédé à son interrogatoire.

Après avoir reçu l'avis du conseil de famille, le tribunal doit interroger le défendeur dans la chambre du conseil (art. 496 C. N.). Cet interrogatoire est prescrit à peine de nullité. C'est une mesure d'ordre public, puisqu'il s'agit de maintenir ou de modifier l'état d'une personne (Cass. 26 janv. 1848). L'interrogatoire d'un prodigue est pour lui le meilleur moyen de se défendre, et pour le juge, le plus sûr moyen de s'éclairer (C. Bordeaux, 23 août 1854.) Il était prescrit par plusieurs coutumes. Une lettre contenant l'aveu de la prodigalité ne pourrait tenir lieu de l'interrogatoire ; elle ne donnerait pas au juge les mêmes éclaircissements, et, de la part du prodigue, elle constituerait une sorte d'acquiescement à la demande en nomination de conseil. Si le prodigue refusait de comparaître au jour fixé pour son interrogatoire, le tribunal pourrait passer outre (Cass., 4 juill. 1838 ; C. Lyon, 24 fév. 1859).

Si l'interrogatoire et les pièces produites sont insuffisantes, le tribunal ordonnera, s'il y a lieu, l'enquête qui se fera en la forme ordinaire. Il pourra ordonner, si les circonstances l'exigent, que l'enquête soit faite hors de la présence du défendeur ; mais, dans ce cas, son conseil pourra le représenter (art. 803-2° et 3° Pr.).

Le jugement qui nomme un conseil judiciaire doit être rendu en audience publique, sur les conclusions du ministère public (art. 815), les parties entendues ou appelées (art. 498) ; il doit être signifié au défendeur et inscrit, dans les dix jours, sur des tableaux qui sont affichés dans l'auditoire du tribunal et dans les études des notaires de l'arrondissement (art. 807, Pr., 501 C. N.). Il existe à Paris une sorte de revue périodique où l'on publie les noms de ceux à qui le tribunal de la Seine a nommé un conseil judiciaire.

L'article 894-3° du Code de procédure permet au prodigue d'appeler du jugement qui lui nomme un conseil judiciaire. Cet appel doit être dirigé contre le provoquant. Les membres du conseil de famille ne pourraient faire une semblable démarche ; mais si la demande a été rejetée, le même article leur permet d'interjeter appel comme le provoquant. L'appel serait même recevable de la part d'un membre du conseil de famille qui aurait émis un avis contraire à la demande : l'article 894-2° ne distingue pas. Suivant nous, l'article 894-2° ne doit pas être pris dans un sens limitatif, tous les parents du prodigue ont le droit d'appeler du jugement qui rejette la demande du conseil, nous en avons déjà dit la raison ; peu importe qu'ils aient joué un rôle dans la procédure de première instance. Nous déciderons aussi, en laissant de côté l'article 894-2°, que l'appel ne serait pas recevable de la part d'un allié, membre du conseil de famille (art. 400).

La cour saisie de l'appel peut, si elle le juge convenable, interroger de nouveau le prodigue. Elle peut aussi ordonner une enquête.

Le prodigue étant libre de ne pas appeler du jugement qui lui nomme un conseil, peut se désister de l'appel qu'il aurait formé (Bordeaux, 3 juill. 1820). Mais il ne pourrait pas, selon nous, acquiescer à ce jugement. Il y a une grande différence entre l'acquiescement à un jugement, c'est-à-dire la renonciation au bénéfice du délai d'appel, et un simple désistement. La partie qui se désiste de l'appel qu'elle a formé peut encore en former un autre (art. 403-1° pr.), si les délais ne sont pas expirés ; celle qui a acquiescé n'en a plus le droit. L'acquiescement à un jugement est une espèce de transaction qui souvent est achetée fort cher. Or, on ne peut transiger sur son état.

Il est arrivé plusieurs fois que les créanciers d'un prodigue, pour obtenir le paiement des dettes qu'il avait contractées sans l'assistance de son conseil, ont formé tierce-opposition au jugement de nomination de conseil. Cette demande singulière a été toujours rejetée (Poitiers, 1 fév. 1842 ; Rouen, 5 déc. 1853 ; Cass., 9 janv. 1866). Comment ces créanciers pourraient-ils se plaindre de n'avoir été ni entendus ni appelés au moment du jugement de nomination de conseil, puisque à ce moment-là leurs créances n'existaient pas encore ? S'il était vrai que le prodigue se fût entendu avec ses parents pour les duper, ils pourraient seulement leur demander des dommages et intérêts.

Si le provoquant meurt pendant le cours de l'instance, son héritier, à supposer qu'il soit lui-même parent du prodigue, peut reprendre l'instance au point où elle est restée (Cass., 8 juin 1847). Cette décision ne blesse point les intérêts du prodigue. Quelquefois, le tribunal nomme au prodigue un conseil judiciaire provisoire, pendant le cours de l'instance (Cass., 28 juin 1827). L'article 514, dit-on, rend l'article 497 applicable, et, la loi en permettant de nommer un administrateur provisoire au défendeur en interdiction, donne au tribunal le pouvoir de nommer au prodigue un conseil judiciaire provisoire. Cette conséquence ne nous semble pas logiquement déduite, le tribunal peut nommer au fou un administrateur provisoire sans amoindrir sa capacité. L'administrateur prend soin de la personne et des biens du fou (art. 497), mais celui-ci reste capable d'aliéner et d'hypothéquer jusqu'au jugement d'interdiction, l'article 503 empêche que l'exercice de cette faculté ne puisse lui être nuisible. Au contraire, en nommant un conseil judiciaire provisoire, le tribunal est obligé de défendre au prodigue de faire seul certains actes, pendant le cours de l'instance. C'est modifier la capacité d'une personne sans observer les règles tracées par la loi, et, par suite, c'est commettre un excès de pouvoir que l'article 497 ne saurait justifier.

III.

Le tribunal ne pourrait pas charger plusieurs personnes d'assister simultanément le prodigue. L'ancien droit permettait de nommer plusieurs tuteurs, plusieurs conseils de tutelle, et plusieurs conseils judiciaires, mais le Code a suivi le système contraire. Il ne peut y avoir qu'un seul tuteur (argt. des art. 390, 397, 402, 404, 405, 417, 454), et qu'un seul conseil de tutelle (art. 391) ; il est logique de dire qu'il ne peut y avoir qu'un seul conseil judiciaire. Les articles 499 et 513 disent : « un conseil, » ce serait aggraver l'incapacité du prodigue que de lui imposer l'assistance simultanée de deux conseils. Le tribunal pourrait seulement charger un second conseil d'assister le prodigue lorsque le premier se trouverait empêché.

Suivant la Cour de Nancy (3 déc. 1838), le mari est, de plein droit, le conseil judiciaire de sa femme (art. 506, anal.). Ce serait un conseil légal, et les art. 499 et 513 ne parlent que d'un conseil judiciaire. D'un autre côté, la femme resterait sans protection, si son mari la poussait lui-même à des actes de prodigalité. Quant à l'argument tiré de l'article 506, il n'a pas grande force à nos yeux, car le tuteur a besoin de l'autorisation du conseil de famille et de l'homologation du tribunal pour les actes importants (art. 457, 458), tandis que le conseil judiciaire assiste le prodigue dans tous les actes sans prendre l'avis de personne.

L'article 34-4° du Code pénal défend de nommer conseil judiciaire celui qui a subi la dégradation civique. Nous ne trouvons dans la loi aucune autre défense ; le tribunal peut donc nommer qui il lui plaît, il peut choisir une femme ou un étranger. Le législateur s'en est rapporté à la sagesse des juges. Le tribunal de Semur a jugé (16 janv. 1861), que la femme ne pouvait être nommée conseil judiciaire de son mari. Les considérations sur lesquelles il appuie sa décision méritent d'être citées. Cette situation, dit-il, est incompatible avec la puissance maritale dont le mari reste saisi malgré le jugement qui modifie sa capacité. Elle est inconciliable avec les rapports d'obéissance et de protection créés par le mariage, puisqu'elle ferait passer la puissance à la femme. Elle est en opposition avec les articles 213-215, 217 et s., elle est chimérique si le mari conserve son autorité, dangereuse si la femme veut la prendre, et provoque des luttes. Il n'y a aucune ressemblance entre la femme conseil du prodigue et la femme tutrice de l'interdit. L'interdit est protégé par la présence du subrogé tuteur et l'autorité du conseil de famille ; personne ne protége le prodigue contre son conseil. Il est impossible de charger la femme d'autoriser son mari à faire des actes qu'elle-même ne pourrait faire sans l'autorisation de son mari ou de justice.

Quelques jurisconsultes ont pensé que les fonctions de conseil judiciaire étaient obligatoires comme les fonctions de tuteur. La charge de conseil judiciaire est, disent-ils, une charge publique comme la charge de tuteur. A la vérité les articles 400 et 513 ne la déclarent pas obligatoire, mais en donnant au tribunal la nomination du conseil, ils ôtent implicitement à celui qui est désigné le droit de refuser. Le conseil du prodigue est un diminutif du tuteur de l'interdit, les règles qui déclarent obligatoire la tutelle des interdits lui sont donc applicables. On admet généralement aujourd'hui que l'on n'est pas obligé d'accepter les fonctions de conseil judiciaire. Il en était de même dans l'ancienne jurisprudence et nous ne voyons pas que le Code ait innové sur ce point. On a rendu la tutelle obligatoire, parce que c'est une charge très-lourde, que beaucoup de gens seraient disposés à refuser ; mais les fonctions de conseil judiciaire sont si peu assujettissantes qu'il sera facile de trouver dans la famille du prodigue, ou parmi ses amis, une personne disposée à les accepter. Ne serait-il pas à craindre que le conseil nommé malgré lui ne remplît ses fonctions avec négligence, et ne permît au prodigue de se livrer à ses goûts de dissipation ? Ne lui serait-il pas facile de refuser mal à propos son assistance au prodigue, et de forcer le tribunal à nommer une autre personne à sa place ? Les fonctions de conseil constituent une espèce de mandat conféré par justice ; on peut le refuser et même s'en désister, après l'avoir accepté ; de son côté, le tribunal peut le révoquer.

IV.

Le conseil judiciaire a pour mission d'assister le prodigue (art. 499, 513). L'assistance implique une idée de coopération ; elle rappelle l'*auctoritas* du tuteur Romain. Il ne suffit pas que le conseil autorise le prodigue à faire un acte, il faut qu'il l'assiste, qu'il soit présent au moment où l'acte se fait, qu'il y figure. On pourrait lui appliquer la phrase que les *Institutes* (Inst. 1, 21; § 2.) ont empruntée à Gaïus (D. 26, 8, 9; § 5.) pour définir *l'auctoritas* du tuteur. *Tutor statim in ipso negotio præsens auctor debet fieri; post tempus verò aut per epistolam interposita ejus auctoritas nihil agit.* Il faudrait, pour suivre exactement cette doctrine, que le conseil judiciaire concourût à tous les actes énumérés dans les articles 499 et 513, qu'il fût présent au moment où le contrat se fait, et qu'il le signât. Dans la pratique on est moins rigoureux et, par une tolérance qui s'écarte un peu, à notre avis, de l'esprit de la loi, on permet au conseil de donner son autorisation par acte séparé. Il faut que cet acte s'applique exactement au contrat que doit faire le prodigue et qu'il soit assez détaillé pour tenir lieu de l'assistance du conseil. La personne qui traite avec le prodigue fera bien d'exiger que cet acte d'autorisation soit joint à la minute du contrat pour éviter toute contestation. Il ne suffirait pas, en effet, de prouver que le conseil judiciaire a connu le contrat, et qu'il ne s'y est pas opposé, pour triompher de la demande d'annulation formée par le prodigue; l'inaction du conseil ne peut tenir lieu de son assistance. A plus forte raison le consentement du conseil donné après le contrat n'a aucune valeur. Le seul effet qu'il pourrait produire, ce serait d'ôter au prodigue le droit de faire annuler le contrat. Aussi, le consentement donné par acte séparé sans date, devrait-il être considéré comme non avenu. Un contrat fait sans l'assistance du conseil judiciaire, si avantageux qu'il soit pour le prodigue, ne peut être ratifié que par le prodigue assisté de son conseil. En résumé, le conseil judiciaire n'assiste valablement le prodigue qu'en prenant part aux actes qu'il fait.

Les explications que nous avons données suffisent

pour qu'on sache comment le conseil judiciaire doit assister le prodigue quand celui-ci veut transiger, emprunter, aliéner, ou hypothéquer ; mais il est plus difficile de dire jusqu'où doit s'étendre l'assistance du conseil judiciaire quand le prodigue veut recevoir un capital mobilier ou ester en justice. Le prodigue ne peut recevoir un capital mobilier et en donner décharge sans l'assistance de son conseil. Mais de quelle utilité serait cette assistance, si le prodigue, après avoir reçu le capital pouvait le dissiper à son gré (Caen 6 mai 1850)? L'article 482 charge le curateur de surveiller l'emploi des capitaux que reçoit le mineur émancipé, tandis que les articles 499 et 513 n'imposent pas un devoir semblable au conseil judiciaire. Cela suffit-il pour qu'on puisse dire que le conseil judiciaire n'a pas le droit de surveiller l'emploi de ces capitaux? Il nous semble que le conseil judiciaire peut, sans excéder les pouvoirs que lui donne l'article 513, n'accorder au prodigue son assistance qu'à la condition de placer immédiatement le capital qu'il reçoit.

Le prodigue ne peut plaider sans l'assistance de son conseil. Mais une instance comprend plusieurs actes de procédure : faudra-t-il que ce conseil prenne part à chacun de ces actes pour qu'ils soient valables ? Cela n'est contesté par personne (Caen 13 février 1844 ; Paris 22 décembre 1862 ; Limoges 2 juin 1856) ; si le conseil judiciaire agissait autrement il n'assisterait pas le prodigue. L'adversaire du prodigue aura donc le droit de refuser de conclure au fond tant que le nom du conseil judiciaire ne figurera pas dans les actes qui lui sont signifiés. Réciproquement, le demandeur sera tenu de mettre en cause le conseil judiciaire du prodigue, afin que le jugement qu'il obtiendra soit valable. Ce jugement devra être signifié non-seulement au prodigue, mais encore à son conseil judiciaire, pour faire courir les délais d'appel (Paris, 22 décembre 1862), puisque l'assistance du conseil complète la personne du prodigue. La nomination d'un conseil judiciaire dans le cours d'une instance où figure un prodigue ne donnera pas lieu à reprise d'instance (art. 345 pr.); mais si le prodigue est demandeur et que le défendeur n'ait pas constitué avoué avant la nomination de conseil, le prodigue assisté de son conseil devra l'assigner de nouveau (art. 345 2° Pr.). Il n'est pas douteux, en effet, que la nomination de conseil ne constitue un changement d'état.

Le conseil judiciaire, qui assiste le prodigue devant la justice, a le droit de surveiller la marche de la procédure et la rédaction des conclusions. Si le prodigue refusait de se défendre, son conseil pourrait plaider en son nom. Il a pris part à l'assignation lancée par le prodigue, ou, le demandeur en assignant le prodigue l'a mis en cause, il est donc partie au procès. Si le prodigue refuse de former opposition à un jugement par défaut, le conseil judiciaire pourra en demander la réformation (Cass. 8 déc. 1841). Si le prodigue refuse d'interjeter appel, l'appel du conseil judiciaire sera recevable (Paris 27 août 1855).

Comme l'assistance du conseil doit compléter la personne du prodigue toutes les fois qu'il s'agit d'actes judiciaires, le jugement rendu contre un prodigue doit être signifié à son conseil pour pouvoir être exécuté. Cette signification donne au conseil le droit de demander la nullité du jugement lorsque le prodigue a plaidé sans son assistance. Nous ne croyons pas que l'on puisse étendre plus loin les pouvoirs du conseil judiciaire.

La jurisprudence, cependant, lui permet de deman-

der la nullité des actes du prodigue (Paris 18 juin 1838 ;
Paris 13 février 1841 ; Paris 16 décembre 1850 ; Lyon
11 février 1863). La loi, dit-elle, n'atteindrait pas son
but si le prodigue pouvait, par son inaction, empêcher
son conseil judiciaire de faire annuler ses engagements.
Il vendrait seul des immeubles et refuserait de demander
la nullité de ces ventes, il refuserait d'interrompre la
prescription contre ses débiteurs ou contre les détenteurs
de ses biens. Il est nécessaire que le conseil judiciaire
puisse agir. L'article 513 ne saurait être contraire à ce
système, puisqu'il ne parle pas de l'inaction du prodigue.
Il nous est impossible de partager cette opinion.

Sous le Code comme dans l'ancien droit le prodigue
pourvu d'un conseil judiciaire gouverne seul sa fortune ;
le conseil a le pouvoir d'assister le prodigue qui plaide,
mais non de plaider pour lui ; aucun texte ne le charge de
représenter le prodigue comme le tuteur représente son
pupille. Les dangers de ce système ne sont pas bien
grands. Les créanciers du prodigue seront forcés de
mettre son conseil en cause et celui-ci le défendra. Le
conseil judiciaire ne pourra forcer le prodigue d'interrompre les prescriptions qui courent contre lui ; mais les
prodigues ne sont guère disposés a laisser prescrire leurs
biens.

Le conseil judiciaire ne peut réduire le prodigue à
l'inaction. S'il refuse injustement de l'assister, les tribunaux nommeront un autre conseil (Orléans 15 mai
1847 ; Douai 31 août 1864). Ils seraient obligés de le
faire si les intérêts du prodigue et de son conseil étaient
opposés (Cass. 23 juin 1860). Suivant les circonstances,
on nommera un conseil par *intérim* ou bien on destituera
le conseil malveillant.

Le conseil judiciaire est-il responsable des fautes qu'il

commet? Il n'est pas comptable, il ne reçoit et n'administre rien. Mais il est certain que ses fonctions ne le mettent pas à l'abri des articles 1382 et 1383. S'il s'est rendu coupable de dol, de fraude ou d'une négligence inexcusable, il doit être puni.

Nous croyons même qu'il doit être traité comme un mandataire ordinaire (art. 1991, 1992). Le mandat donné par la justice est aussi sacré que celui qui est donné par les particuliers.

Le conseil de tutelle est responsable de ses fautes suivant l'opinion générale, il doit en être de même du conseil judiciaire.

V.

Les rédacteurs du Code ont énuméré dans les articles 499 et 513 toutes les modifications que la nomination du conseil judiciaire apporte à l'état du faible d'esprit ou du prodigue. L'assistance de son conseil lui est nécessaire pour plaider, transiger, emprunter, recevoir un capital mobilier, et en donner décharge, aliéner et grever ses biens d'hypothèques.

Il peut faire seul tous les autres actes. Il conserve donc l'administration de sa fortune. Il a le droit d'affermer ses biens pour neuf ans (arg. des art. 1420, 1430, 1718), d'en toucher les revenus, d'en vendre les fruits, de faire des réparations d'entretien, de louer des domestiques. Il est presque superflu de dire qu'il peut fixer son domicile où il lui plait.

Il peut se marier; il peut être membre d'un conseil de famille. Les incapacités sont, en effet, de droit étroit et l'article 442 n'exclut du conseil de famille que l'interdit et non le prodigue ou le faible d'esprit. M. Demolombe pense même que le prodigue ou faible d'esprit peut être tuteur. Nous sommes d'un avis contraire. L'article 444 exclut de la tutelle tous ceux dont la gestion atteste l'incapacité; il semble bizarre qu'un prodigue puisse toucher seul les capitaux d'un mineur, tandis qu'il ne pourrait recevoir seul ses propres capitaux; enfin la tutelle entraînerait contre le prodigue ou le faible d'esprit une hypothèque légale et la loi veut empêcher que leurs biens ne soient trop facilement hypothéqués. Le prodigue ou le faible d'esprit conserve tous ses droits politiques, comme il conserve tous ses droits de famille. La loi du 4 juin 1853, art. 2, lui défend seulement de faire partie du jury. Cette disposition est juste en ce qui concerne le faible d'esprit, mais nous ne voyons pas le motif qui a pu porter à l'édicter contre le prodigue.

Quand on nomme un conseil judiciaire à une femme mariée, son mari conserve le droit d'administrer ses biens. M. Demolombe pense que cette femme est capable de faire tous les actes avec la seule assistance de son conseil sans jamais avoir besoin de l'autorisation de son mari ou de justice. Le texte des articles 215, 217 et 219 à 225 montre, dit-il, que c'est la femme agissant seule qui est soumise à la nécessité de l'autorisation maritale. Nous ne sommes pas de cet avis. Les articles cités par M. Demolombe ne font aucune distinction et ils ne devaient en faire aucune.

En ordonnant à la femme de demander l'autorisation de son mari, la loi n'a pas seulement pour but de protéger sa faiblesse, mais surtout de faire respecter la puissance maritale qui est d'ordre public (art. 1338).

Le mari d'une femme prodigue doit avoir autant d'autorité que le mari d'une femme économe (Montpellier, 14 déc. 1841). Il est utile que le mari veille sur la fortune de sa femme.

Si le prodigue ou le faible d'esprit est marié, il conserve non-seulement l'administration de ses biens, mais encore l'administration des biens de sa femme. Quelques jurisconsultes soutiennent même que son autorité maritale n'est nullement amoindrie par le jugement qui lui nomme un conseil, et qu'il a toujours le droit d'autoriser sa femme à ester en justice, à vendre ses biens et à hypothéquer ses immeubles. La plupart pensent, au contraire, que le mari n'a pas qualité pour autoriser sa femme à faire des actes qu'il ne pourrait pas faire seul (Paris, 27 août 1833 ; Rennes, 7 déc. 1840 ; Cass., 11 août 1840). Suivant les uns, il peut lui donner cette autorisation avec l'assistance de son conseil judiciaire, et, suivant les autres, la femme doit demander l'autorisation du tribunal ; nous sommes de cet avis. Le conseil judiciaire n'a pas qualité pour assister le prodigue lorsque celui-ci autorise sa femme. A la vérité, l'article **222** ne parle que du mari interdit, mais au moment où il a été écrit on ne savait pas si l'on nommerait un conseil judiciaire au prodigue.

Pour tous les actes énumérés dans l'article **513**, l'assistance du conseil judiciaire suffit au prodigue ; il peut faire seul tous les autres. Sa capacité est donc beaucoup plus grande que celle du mineur émancipé (art. **483**, **484-1°**, **457**, **458**). Mais, sur un autre point, la loi laisse plus de liberté au mineur émancipé, car elle lui permet d'intenter une action relative à ses revenus ou de défendre à une action mobilière sans l'assistance de son curateur ; tandis que le prodigue ne peut jamais ester en justice sans l'assistance de son conseil judiciaire.

La première question qui se présente lorsqu'on appliquo les articles 499 et 513 au prodiguo et au faible d'esprit, c'est de savoir si le juge peut *changer le remède suivant les circonstances de chaque affaire* (N. Denizart). Il est certain que les juges ne pourraient interdire au prodigue un acte qui ne serait pas compris dans les articles 513 et 499, mais, ne pourraient-ils pas lui permettre de faire seul quelques-uns des actes qui y sont énumérés ?

Les art. 513 et 499 ne s'y opposent pas, le Code n'a donc pas voulu déroger à l'ancienne jurisprudence; supposons qu'un avare ait la manie des procès, pourquoi lui défendre de vendre ou d'emprunter? Il suffira de l'empêcher de plaider. Tous les jurisconsultes cependant et la jurisprudence décident que le tribunal est forcé d'infliger au prodigue toutes les incapacités qui sont énumérées dans l'art. 513 ou de lui laisser sa liberté tout entière. Nous sommes de cet avis.

Les actes interdits au prodigue par l'article 513 sont exactement les mêmes que ceux que l'article 499 défend au faible d'esprit; l'identité de dispositions qui existe entre ces deux articles prouve que le législateur a voulu établir un état d'incapacité déterminé et toujours le même pour tous les prodigues et tous les faibles d'esprit. Si dans l'ancien droit, le juge pouvait proportionner les incapacités dont il frappait le prodigue à ses égarements, c'est qu'alors les règles de la nomination de conseil n'étaient fondées que sur la jurisprudence, tandis qu'aujourd'hui elles ont force de loi.

Il est facile de déterminer le point de départ de l'incapacité du prodigue. « La nomination du conseil aura » son effet du jour du jugement. Tous actes passés pos- » térieurement sans l'assistance du conseil seront nuls » (art. 502). L'article 501 ordonne de publier les jugements de nomination de conseil, mais il donne dix jours pour faire cette publication; l'incapacité du prodigue existe donc avant que le jugement ne soit rendu public ; qui oserait dire que le défaut de publication la fait disparaître ? La procédure suivie, les décisions préparatoires, et surtout la présence du conseil judiciaire suffisent pour avertir les tiers. Si le défaut de publication dans les dix jours leur avait causé préjudice, ils auraient un recours contre les officiers publics responsables (art. 18, loi 25 ventôse an XI).

L'appel que le prodigue interjette ne suspend pas son incapacité. L'appel ne suspend que les actes d'exécution (art. 449, 450, 457, Pr.). Il importe donc aux tiers que le jugement frappé d'appel par le prodigue soit publié. Cette publication n'est pas un acte d'exécution (discussion du conseil d'État du 20 brumaire an XI).

L'incapacité du prodigue et du faible d'esprit n'a pas d'effet rétroactif comme l'incapacité de l'interdit. La Cour de Paris (10 mars 1854; 10 décembre 1850) a cependant décidé que les obligations souscrites au moment où la prodigalité était notoire peuvent être annulées si le créancier savait que la famille du prodigue allait demander pour lui un conseil judiciaire. La protection de la loi, dit-elle, ne s'étend pas aux actes destinés à éluder les précautions de la famille en hâtant la ruine du prodigue; le prêteur commet une fraude dont les conséquences demeurent à sa charge. Les termes de l'article 502 ne se prêtent pas, selon nous, à une semblable distinction. Cet article détermine d'une façon précise le point de départ de l'incapacité du prodigue, les tribunaux n'ont pas le droit de la faire remonter plus haut.

Les actes passés par l'interdit ou par le prodigue sans l'assistance de son conseil sont nuls de droit dit l'article

502. Cela veut dire seulement que le prodigue et l'interdit ne sont pas tenus de prouver qu'ils ont été lésés. La demande en nullité ne peut être formée que par l'interdit ou le prodigue. La loi le dit expressément pour l'interdit (art. 1125), il doit en être de même pour le prodigue ou le faible d'esprit, car la nomination du conseil n'est qu'un diminutif de l'interdiction (art. 499). Les actes passés par le prodigue seul étant aussi irréguliers que s'ils avaient été passés par un interdit, quand la nullité sera prononcée le prodigue ne sera tenu que *de in rem verso* (art. 1312).

Le prodigue peut, après la main-levée de son conseil, ratifier les actes qu'il a faits seul (art. 1338). Avant le jugement de main-levée, il ne peut ratifier ces actes qu'avec l'assistance de son conseil. Qu'arrivera-t-il si pendant plusieurs années il refuse de demander la nullité de ces actes (Cass. 6 juin 1860; Angers 27 juillet 1859). La jurisprudence affirme qu'au bout de dix ans son action sera prescrite (art. 1304).

On assure le repos des familles en fixant à dix ans le délai dans lequel on doit intenter l'action en nullité ; le prodigue est maître de l'administration de sa fortune ; assisté de son curateur il a une capacité entière, on ne peut donc l'assimiler à un interdit ou bien à un mineur. Personne ne prétend que le prodigue ou le faible d'esprit doive profiter de la suspension de prescription qui est écrite dans l'article 2252; pourquoi donc profiterait-il de celle qui est écrite dans l'article 1304-3° ? M. Valette combat ce système. La prescription de l'art. 1304 est fondée sur une présomption de ratification, ou sur une ratification tacite résultant du silence gardé pendant dix ans. Or, le prodigue, avant le jugement de main-levée, ne peut pas ratifier sans l'assistance de son conseil. La prescription de l'art. 1304 ne peut donc pas courir contre lui avant qu'il ait recouvré sa capacité.

Qu'arriverait-il si l'on présentait au prodigue un billet sous seing privé portant une date antérieure à la nomination du conseil? La Cour d'Orléans et la Cour de Paris ont jugé que c'est au prodigue de prouver l'antidate. Orléans, 25 août 1837; 21 mars 1838; Paris, 26 juin 1838.) Nous sommes de cet avis : *reus excipiendo fit actor ;* mais le conseil judiciaire pourra établir par toute sorte de moyens la fausseté de la date. Sans cela rien ne serait plus facile au prodigue que d'éluder les dispositions de l'article 513.

Jusqu'ici nous nous sommes bornés à dégager du texte de la loi les règles générales qui régissent l'incapacité du prodigue et du faible d'esprit. Pour compléter cette analyse, nous allons examiner quelques-unes des difficultés que soulève l'application de ces règles.

Le prodigue ne peut aliéner sans l'assistance de son conseil (art. 513). Ce mot ne peut être pris dans un sens absolu; le prodigue qui a le droit d'administrer ses biens a bien certainement celui de les affermer pour neuf ans (art. 1429, 1430, 1718). S'il a le droit de les affermer, il a celui de vendre les fruits, car le bail emporte l'aliénation des fruits pendant toute la durée de la location. On ne dira pas non plus qu'il est incapable de vendre ses meubles corporels de peu d'importance. C'est là un acte d'administration. Quant aux immeubles et même quant aux meubles incorporels, il ne peut y avoir de doute : l'art. 513 défend au prodigue de les aliéner seul ; mais les jurisconsultes ne sont pas d'accord au sujet des meubles corporels. M. Demolombe croit que le prodigue peut aliéner tout son mobilier sans l'assistance de son conseil. Dans l'article 513, la défense d'aliéner est suivie immédiatement de la défense d'hypothéquer. Donc ces deux défenses s'appliquent aux mêmes objets, c'est-a-dire aux immeubles (art. 2144, 2118). M. Valette enseigne le contraire.

Le mot aliéner est employé dans un sens général par les articles 513 et 499, et la défense d'hypothéquer venant après celle d'aliéner ne suffit pas pour restreindre celle-ci aux immeubles. Le mobilier peut avoir une grande valeur et il n'est pas vraisemblable que la loi ait permis au faible d'esprit d'en disposer à son gré; si l'on admet que le mineur émancipé peut aliéner son mobilier corporel ou incorporel (à la réserve des rentes sur l'Etat supérieures à 50 fr., loi 24 mars 1806, art. 2), sauf à n'en recevoir le prix qu'avec l'assistance de son curateur, c'est que l'article 484 lui défend seulement d'aliéner ses immeubles.

Le prodigue ne peut donc, sans l'assistance de son conseil, vendre son mobilier, ni transférer ses rentes sur l'Etat ou ses actions de la Banque inférieures à 50 fr. Il ne peut pas, non plus, suivant M. Valette, vendre ses droits d'auteur. A plus forte raison, ne peut-il consentir seul une antichrèse (T. Seine, 11 avril 1853; C. Paris, 10 mars 1854).

Comme il est impossible d'administrer des biens sans vendre certains objets, nous avons reconnu au prodigue le droit de faire certaines aliénations. Mais comme un administrateur n'est jamais obligé de transiger, nous laissons subsister dans toute sa rigueur la défense de transiger qui est contenue dans les articles 499 et 513. Le prodigue ou le faible d'esprit ne peut faire aucune transaction quelque minime que soit l'objet du litige.

Le législateur a voulu, sans doute, empêcher le prodigue de faire des libéralités déguisées (M. Valette).

Quant au faible d'esprit, il est juste de le déclarer incapable de transiger. La défense de transiger entraîne évidemment celle de compromettre, puisque tout arbitrage repose sur une transaction des parties.

La défense de faire le commerce n'étant pas contenue dans les articles 513 et 499, on s'est demandé si le prodigue pouvait être commerçant. La négative a prévalu dans la doctrine et dans la jurisprudence (Angers, 10 fév. 1865; Paris, 22 déc. 1862). Un commerçant est obligé de recevoir à chaque instant des capitaux et même de faire des emprunts; le prodigue est incapable de faire ces divers actes sans l'assistance de son conseil judiciaire. Il faudrait donc, pour qu'il pût faire le commerce, que son conseil l'assistât à chaque instant; l'autorisation générale donnée par le conseil n'aurait aucun effet; ce serait une simple abdication tout à fait contraire au vœu de la loi. A la vérité, le mineur émancipé et la femme mariée peuvent être commerçants (art. 220, 487 C. N.; 4 et 5 Com.); mais il y a chez le prodigue une altération de facultés qui ne se trouve pas chez le mineur émancipé ni chez la femme mariée; s'il arrivait que le prodigue fût assez prudent pour pouvoir faire le commerce, rien ne serait plus facile que de lui donner main-levée de son conseil.

La Cour de Paris (12 août 1848) a distingué entre le prodigue faisant le commerce pour son propre compte, et le prodigue membre d'une société commerciale en nom collectif. Aucune disposition de la loi n'empêche le prodigue de contracter avec l'assistance de son conseil une société commerciale de quelque nature qu'elle soit, le prodigue ayant contracté avec cette assistance une société en nom collectif, et, cette société ayant cessé ses payements, le prodigue doit être mis en faillite. Cette conséquence serait inévitable si le principe posé par la Cour pouvait être admis, mais il ne peut l'être. S'il est vrai qu'aucun texte ne défende au prodigue de contracter une société de commerce avec l'assistance de son conseil, il est également vrai qu'aucune disposition de la loi n'autorise le conseil à l'assister dans un pareil acte ; l'association commerciale emporte le consentement à toutes les opérations que fera la société ; chacun des associés donne mandat à ses coassociés ou à l'un d'entre eux de faire des actes qui pourront le ruiner complétement. Le prodigue pourrait-il donner un pareil mandat même avec l'assistance de son conseil ? Pourrait-on soutenir que le conseil judiciaire, incapable de donner au prodigue l'autorisation générale de disposer de sa fortune, peut lui permettre d'investir un tiers d'un semblable pouvoir ? Ce serait dire que le mandataire peut avoir une capacité plus grande que le mandant. Le prodigue ne peut donc jamais faire partie d'une société commerciale en nom collectif. S'il fait partie d'une semblable société, au moment où il est pourvu d'un conseil judiciaire, il en sort immédiatement sans qu'aucune stipulation puisse l'y retenir.

Nous avons déjà dit que le prodigue ou le faible d'esprit ne pouvait ester en justice sans l'assistance de son conseil, et nous avons expliqué de quelle manière cette assistance devait être fournie. Il nous reste à examiner si dans certains cas exceptionnels cette assistance n'est pas inutile. Nous répondrons sans hésiter, qu'en matière civile l'assistance du conseil est toujours nécessaire, à moins que le prodigue ne demande le remplacement ou la main-levée de son conseil. Ainsi, nous dirons avec la Cour de Limoges (2 juin 1856), que le prodigue ne peut, sans l'assistance de son conseil, appeler d'un jugement de séparation de corps. Nous dirons aussi avec la jurisprudence (Toulouse 2 déc. 1829 ; Besançon, 11 janv. 1851), qu'il ne peut demander seul la main-levée d'une opposition formée à son mariage. Vainement, on affirme que l'on empêche le prodigue de se marier en lui défendant de demander la main-levée d'une opposition, le texte est absolu.

M. Demolombe pense cependant qu'il suffirait d'appeler en cause le conseil judiciaire, et que celui-ci ne pourrait entraver l'action par un refus d'assistance. Nous ne pouvons admettre ce tempérament, le conseil judiciaire est toujours maître de refuser son assistance. La Cour de cassation a jugé (15 mars 1858), que l'assistance du conseil n'est pas nécessaire lorsque le prodigue est défendeur à une demande d'interdiction. Les garanties spéciales créées par la loi dans cette instance, dit la Cour, rendent inutile la présence du conseil judiciaire. Il est vrai que l'assistance de son conseil est ici moins utile au faible d'esprit ou au prodigue, puisqu'il ne peut se dispenser d'ester en justice, lorsqu'on demande son interdiction ; mais peut-être son conseil l'aidera-t-il à se défendre? En tous cas les articles 499 et 513 sont formels.

En matière criminelle, au contraire, le prodigue n'a jamais besoin d'être assisté de son conseil judiciaire, même quand on lui demande des dommages intérêts (Cass. 29 mars 1849). En effet, les art. 145, 147, 159, 162, 182, 192 du Code d'instruction criminelle ne font aucune distinction entre le prévenu majeur et maître de ses droits, et le prévenu mineur, interdit ou pourvu d'un conseil judiciaire.

Les articles 499 et 513 ne disent rien de l'acceptation et de la répudiation des successions qui peuvent échoir au prodigue ou au faible d'esprit. En faut-il conclure que le prodigue et le faible d'esprit peuvent accepter une succession, y renoncer sans l'assistance de leur conseil ? Nous ne le croyons pas. Il nous paraît impossible d'admettre que le législateur ait permis au faible d'esprit de faire seul un acte aussi grave qu'une acceptation ou une répudiation de succession. Il est souvent fort difficile à un homme expérimenté de savoir si une succession est avantageuse ; ce sera presque toujours impossible pour celui dont l'intelligence est affaiblie. L'assistance du conseil est donc nécessaire, en ce cas, au faible d'esprit et aussi au prodigue, car sa capacité est exactement la même que celle du faible d'esprit. A la vérité, quand on accepte une mauvaise succession, on n'emprunte pas à proprement parler, et on n'aliène pas ses immeubles, mais on accepte les dettes d'autrui, et l'on s'expose à voir vendre ses biens par autorité de justice.

Nous ne croyons pas non plus que le prodigue ou le faible d'esprit puisse faire sans l'assistance de son conseil un partage de succession. Suivant l'art. 883, chaque cohéritier est censé avoir succédé seul et immédiatement à tous les objets compris dans son lot ; mais, en réalité, chaque cohéritier échange la portion indivise qui lui appartient dans la succession contre une part déterminée. C'est une véritable aliénation ; souvent le partage est très-difficile à faire. Le législateur a-t-il pu permettre au faible d'esprit d'y procéder seul ? Nous affirmons aussi, malgré l'art. 724, que le faible d'esprit ou le prodigue héritier légitime ne peut toucher les capitaux compris dans la succession du défunt sans l'assistance de son conseil. Les Cours de Rouen et de Douai (19 avril 1847 ; 30 juin 1855) ont adopté l'opinion contraire. Le prodigue, dit la Cour de Rouen, peut toucher

seul les capitaux compris dans la succession, *il ne les reçoit ni n'en donne décharge*, puisqu'il est saisi de plein droit ; « il peut en user comme bon lui semble sans que
» l'intervention du conseil judiciaire puisse paralyser
» l'exercice de son droit ; le conseil judiciaire n'ayant
» pas évidemment le droit de pénétrer au domicile mor-
» tuaire contre sa volonté. » Mais tous les capitaux compris dans une succession ne se trouvent pas dans le domicile du défunt. D'ordinaire on ne garde chez soi que fort peu d'argent et l'on dépose le reste ; le prodigue sera donc forcé de demander cet argent, et d'en donner décharge au dépositaire.

Les art. 499 et 513 ne défendent pas expressément au prodigue et au faible d'esprit de faire des libéralités. Il est bien certain que le prodigue peut tester ; car, en faisant des legs, il ne se dépouille pas, mais il dépouille seulement ses héritiers. La défense de tester sans l'assistance du conseil emporterait du reste l'incapacité absolue de tester, car le testament doit être l'œuvre libre et personnelle du *decujus*, (art. 226, 904, 968, 970, 972). Le faible d'esprit peut aussi tester, puisqu'il a la même capacité que le prodigue; ses héritiers rechercheront plus tard s'il était sain d'esprit au moment où il a fait son testament (art. 901). Nous croyons au contraire, que le prodigue et le faible d'esprit ne peuvent faire seuls aucune libéralité entre vifs.

Le mot aliéner nous semble avoir ici un sens général et comprendre tous les actes par lesquels le prodigue se dépouille de ses biens. Il est vrai que l'art. 217 emploie les deux mots donner et aliéner, mais le législateur a souvent attribué au même mot des sens différents. Aliéner ç'est *rem suam alienam facere*. La donation est une espèce d'aliénation ; attribuer un autre sens au mot aliéner, ce serait permettre au prodigue de se ruiner. La loi interdit donc au prodigue de faire seul toute espèce de donation, sans qu'il y ait à distinguer si les libéralités qu'il veut faire sont raisonnables ou exagérées, car le sort des biens donnés serait incertain; ni s'il a voulu récompenser un service rendu ou doter ses enfants. Si la règle que nous avons posée est juste, elle doit s'appliquer à tous les cas; il est toujours à craindre que le prodigue ne dispose de sa fortune avec imprudence, et l'assistance du conseil judiciaire a pour but de prévenir une libéralité trop considérable. Le prodigue ne pourrait pas même faire seul une donation de biens à venir, car un pareil acte le priverait du droit de disposer à titre gratuit des biens donnés (art. 1083) et, par exemple, pourrait l'empêcher de doter plus tard ses enfants. Mais le prodigue peut donner seul les revenus qu'il a touchés.

Tout en admettant que le prodigue ne peut donner, quelques jurisconsultes et plusieurs Cours (Paris 26 avril 1833; Cass. 24 décembre 1856), ont affirmé qu'il était maître de disposer de ses biens par contrat de mariage en faveur de son futur conjoint. La liberté de contracter mariage, disent les partisans de ce système, emporte pour le prodigue la capacité de consentir seul toutes les conventions dont le contrat de mariage est susceptible; tous les pactes s'enchaînent dans ce contrat; si on en subordonne la validité au consentement d'un tiers, on fait dépendre de sa volonté le mariage même. Cependant, la doctrine contraire est généralement suivie (Amiens 21 juillet 1852; Bordeaux 7 février 1855; Pau 31 juillet 1855; Agen 21 juillet 1857); aucun article de loi ne fait disparaître, en faveur du mariage du prodigue, les prohibitions de l'art. 513. C'est au moment de son mariage que l'assistance de son conseil lui est le plus utile ; s'il arrive que le refus du conseil l'empêche de se marier, ce sera pour lui un avantage, car il aura ainsi évité de faire un mauvais mariage; si le refus du conseil est injuste, les tribunaux le remplaceront. Quand le contrat de mariage aura été passé sans l'assistance du conseil, l'annulation d'une clause contraire à l'art. 513 laissera subsister les autres.

Nous dirons même, avec M. Demolombe, que le prodigue ne peut faire des donations à son conjoint pendant le mariage. Plusieurs jurisconsultes combattent cette opinion en disant que ces donations sont révocables *ad nutum* (art. 1096), et, qu'elles sont en tous points semblables aux legs. Cela n'est pas exact, car le prodigue peut faire à son conjoint pendant le mariage des donations de biens présents, et, dans ce cas, il se dépouille actuellement, sinon irrévocablement; et, lors même qu'il ne lui ferait que des donations de biens à venir, s'il omettait de les révoquer avant sa mort, elles ne seraient passibles de réduction qu'après ses dispositions testamentaires, suivant l'opinion la plus accréditée.

La Cour de Caen a ordonné (20 nov. 1837; 23 mars 1841), qu'il fût sursis au mariage d'un prodigue jusqu'à ce qu'on lui eût nommé un conseil judiciaire. Nous voyons là non pas une mesure conservatoire, comme le prétend la cour, mais un véritable excès de pouvoirs. La faculté de contracter mariage ne peut être suspendue qu'en vertu d'un texte de loi ; on n'en saurait fournir aucun. Une semblable mesure cause un grave préjudice au prodigue, ce n'est donc pas une mesure conservatoire.

Qu'arrive-t-il si le prodigue ou le faible d'esprit se marie sans l'assistance de son conseil ? Le mariage sera valable, nous le savons, mais donnera-t-il à la femme

l'hypothèque légale de l'article 2121, et les époux seront-
ils soumis au régime de la communauté? M. Valette et
M. Demolombe enseignent que la femme du prodigue
marié sans l'assistance de son conseil a une hypothèque
légale. En effet, l'hypothèque de la femme est la conséquence légale du mariage, c'est une disposition d'ordre
public destinée à protéger l'incapacité de la femme et
indépendante de la volonté des époux (art. 2140).

Mais une grave controverse s'élève lorsqu'il s'agit de
déterminer le régime sous lequel vivront les époux.
M. Demolombe affirme que ce sera le régime de séparation de biens. Le prodigue ou le faible d'esprit, dit-il,
ne peut aliéner sans l'assistance de son conseil ; or le
régime de la communauté emporte nécessairement une
aliénation, ce régime n'est pas imposé par la loi, il n'e-
xiste qu'en vertu d'une convention tacite des parties ; or,
le prodigue ne peut pas plus aliéner tacitement qu'ou-
vertement. L'aliénation qui résulte de l'adoption du régime de la communauté peut être très considérable ; il
se peut que le prodigue n'ait que des biens meubles, et
que son futur conjoint n'ait que des immeubles, qu'il
ait même des dettes (En ce sens, Caen, 19 mars 1839).
M. Valette enseigne, au contraire, que le prodigue marié
sans contrat sera toujours soumis au régime de la communauté. Pour le démontrer, il s'appuie sur les articles
1393 et 1400 qui sont formels. Le régime de communauté est le régime de droit commun. Pour n'y être pas
soumis, il faut que les époux fassent des stipulations spéciales ; à défaut de contrat, le régime de la communauté
dérive aussi nécessairement du mariage que l'hypothèque légale de la femme. Le législateur a pensé que ce
régime était le plus équitable de tous, quelle que fût la
différence de fortune des époux ; il est naturel que les

époux mettent en commun leurs biens comme ils mettent en commun leur existence (Nancy, 3 déc. 1838 ;
Agen 21 juill. 1857) ; il paraît étrange de prétendre
qu'une femme, par cela seul qu'elle est pourvue d'un
conseil judiciaire, doit conserver en se mariant l'administration de ses biens (art. 1449), tandis que si elle vivait
sagement, son mari seul aurait le droit de les administrer.

La loi défendant au faible d'esprit et au prodigue d'a-
liéner ou d'hypothéquer leurs biens, il est juste de dire
qu'ils sont incapables de faire tous les actes qui pourraient amener indirectement ce résultat. Ils ne peuvent
donc être cautions ou mandataires (M. Valette). Si le
prodigue ou le faible d'esprit avait accepté un mandat
sans l'assistance de son conseil, il ne serait pas tenu
(art. 1990 anal). Au contraire, la loi laisse au prodigue
et au faible d'esprit le pouvoir de faire tous les actes qui
ne peuvent pas compromettre leur fortune ; par exemple,
ils peuvent faire seuls tous les actes conservatoires.

Mais, en laissant au prodigue et au faible d'esprit le
droit d'administrer leurs biens, la loi leur a permis de
faire des actes qui peuvent indirectement les compromettre. Quand le prodigue achète des vivres, du bois,
des vêtements, l'obligation qu'il contracte est parfaitement valable et doit produire tous les effets des obligations ordinaires; l'exécution pourra donc en être pour-
suivie sur tous les biens du prodigue (art. 2092). S'il en
était autrement, personne ne voudrait vendre ou louer
au prodigue, et il lui serait impossible d'administrer seul
ses biens.

Il faut donc modifier la règle que nous avions posée
tout à l'heure et dire : le prodigue ne peut s'engager indirectement, à moins que l'obligation qu'il contracte ne
constitue un acte d'administration.

Il arrive fréquemment que des prodigues souscrivent des billets à ordre ou des lettres de change pour se dispenser de payer immédiatement les objets qu'ils achètent. La jurisprudence décide (Orléans, 9 juin 1853 ; Cass., 3 avril 1855 ; id., 1er août 1860) que ce sont là de simples obligations civiles. Le prodigue est seulement capable d'administrer ses biens ; une lettre de change n'est point un acte d'administration.

Quand un créancier du prodigue réclame le paiement de sa créance, le tribunal examine la nature de l'obligation. Si elle se rapporte à l'administration des biens du prodigue et qu'elle soit hors de proportion avec sa fortune, le tribunal la réduit, bien que l'article 484-2°, qui lui accorde un semblable pouvoir à l'égard du mineur émancipé, ne dise rien du prodigue. Quelques jurisconsultes enseignent que l'article 484 doit être appliqué par analogie ; d'autres affirment, au contraire, qu'il est inutile d'invoquer cet article, et que les juges, maîtres d'annuler ou de valider les obligations souscrites par le prodigue, peuvent aussi les réduire en déclarant qu'une partie de l'obligation souscrite constitue un acte d'administration, et que le reste constitue un acte d'aliénation.

C'est aussi le tribunal qui, suivant M. Demolombe, décidera si les obligations que le prodigue a souscrites, dans le but de faire de grosses réparations, sont valables ou nulles. Si elles sont de nature à ne pouvoir être exécutées qu'aux dépens des capitaux du prodigue, le tribunal en prononcera la nullité ; mais si les grosses réparations que le prodigue a fait faire sont utiles, il sera valablement engagé, soit parce qu'il s'est enrichi aux dépens d'autrui, soit parce que l'utilité des réparations en fait un véritable acte d'administration. Pour nous, un pareil engage.ent sera toujours nul ; le prodigue, avons-nous dit, ne peut s'obliger qu'à l'occasion de l'administration de ses biens ; les grosses réparations ne sont pas des actes d'administration, puisqu'elles ne doivent pas être supportées par les revenus (art. 605). Si donc le prodigue seul charge un entrepreneur de faire de grosses réparations, il pourra faire annuler le traité, et l'entrepreneur ne pourra recourir contre lui que *de in rem verso*.

Une des questions les plus délicates, c'est de savoir si le prodigue peut, sans l'assistance de son conseil, renoncer à une prescription acquise. Une pareille renonciation n'est pas une libéralité, c'est l'accomplissement d'un devoir de conscience. Ce n'est pas non plus une aliénation proprement dite, car, suivant les auteurs les plus estimés, le droit de l'ancien propriétaire n'est définitivement éteint que le jour où la prescription est opposée en justice. La renonciation du possesseur le fait revivre. Cependant, comme en renonçant à une prescription acquise le prodigue abandonne un émolument certain, on peut considérer une semblable renonciation comme un acte d'aliénation dans le sens de l'article 513, et il faut décider que le prodigue ne pourra pas la faire valablement sans l'assistance de son conseil. Si la prescription était seulement commencée, rien n'empêcherait le prodigue d'y renoncer.

Il est presque superflu de dire que le prodigue peut disposer de son temps et de son activité comme bon lui semble ; il peut donc engager ses services, prendre à ferme un domaine, contracter un engagement dramatique. Ces diverses manières de mettre à profit son intelligence entraînent quelquefois des engagements pécuniaires considérables. Ainsi, un directeur de théâtre exige d'un acteur une clause pénale; un propriétaire agit de même à l'égard de son fermier. Le prodigue pourra-t-il souscrire seul de semblables engagements? M. Demolombe laisse la solution de cette question à l'appréciation des tribunaux. Ces obligations seront valables, dit-il, si elles constituent des actes d'administration, sinon elles seront nulles.

VI

L'interdiction cesse avec les causes qui l'ont déterminée (art. 512); il en est de même de la demi-interdiction qui frappe le prodigue ou le faible d'esprit (art. 514-2°). Toutes deux finissent de la même manière. Le tribunal seul peut en prononcer la main-levée (art. 514, 2°). Ainsi, la démission ou la mort du conseil judiciaire ne rendent pas au prodigue sa capacité. L'article 514-2° dit : « ne peut être levé; » donc l'incapacité du prodigue ne cesse jamais de plein droit. Le jugement qui nomme un conseil judiciaire à un prodigue ou à un faible d'esprit, contient deux chefs; il déclare le prodigue incapable de faire seul les actes énumérés dans l'article 513, puis il lui nomme un conseil. La mort ou la démission du conseil judiciaire ne fait cesser que le mandat donné par justice et non la demi-interdiction. Aussi avons-nous décidé que le prodigue pouvait demander la nomination d'un autre conseil judiciaire quand le sien avait cessé ses fonctions, tandis qu'il ne pourrait pas demander lui-même sa demi-interdiction. Nous accordons aussi le droit de demander la nomination d'un nouveau conseil aux tiers qui y ont intérêt.

La Cour de Nancy a jugé (3 déc. 1838) que le mariage sous le régime de la communauté donnait de plein droit à la femme main-levée de son conseil judiciaire. Cette décision suppose qu'une femme mariée sous le régime de la communauté n'a jamais besoin d'un conseil. Nous avons déjà montré le contraire. En second lieu, elle est en opposition directe avec le texte de l'article 514-2°, que nous venons de citer.

Les tribunaux peuvent donc seuls prononcer la main-levée du conseil judiciaire, comme seuls ils ont pu le nommer (art. 499, 513). Quelques jurisconsultes ont pensé que le tribunal qui avait nommé le conseil judiciaire était seul compétent pour en prononcer la main-levée, s'appuyant sur ce qu'en matière de tutelle le tribunal compétent est toujours celui du domicile qu'avait le mineur au moment de l'ouverture de la tutelle. Cet argument ne saurait être invoqué ici, car la seule raison de cette compétence exceptionnelle, c'est que le tuteur ne peut déplacer le siége du conseil de famille, tandis que le prodigue, libre de transporter son domicile où il lui plaît, doit être soumis au droit commun. Si le prodigue est allé s'établir loin du pays qu'il habitait d'abord, le tribunal de son nouveau domicile, saisi de la demande en main-levée, n'en sera que plus défiant.

Depuis longtemps la jurisprudence et les auteurs se sont accordés à dire que l'interdit pouvait demander la main-levée de l'interdiction. A plus forte raison devons-nous admettre que le prodigue ou le faible d'esprit peut demander seul la main-levée de son conseil. Il serait déraisonnable de faire dépendre, même indirectement, de la volonté du conseil judiciaire son maintien ou sa suppression. Le conseil judiciaire est chargé de défendre le prodigue contre ses entraînements, mais non de l'empêcher de faire reconnaître par le tribunal son retour à une bonne conduite.

Nous croyons, avec la Cour de Cassation (12 fév. 1816), que le prodigue n'est tenu de mettre personne en cause lorsqu'il demande la main-levée de son conseil. Les articles 514-2° Civ. et 896 Proc. lui ordonnent seulement d'observer les formalités prescrites pour l'instruction et le jugement de la demande en nomination de conseil ; le conseil de famille et le ministère public sont les véritables contradicteurs à sa demande et les seuls qui soient nécessaires aux termes de la loi. Si les parents du prodigue pensent que sa demande est mal fondée, ils peuvent intervenir même en appel et faire valoir tous les moyens qu'ils croient propres à faire repousser la demande du prodigue. Il n'y a pas à distinguer s'ils ont fait ou non partie du conseil de famille. Suivant nous, ils puisent le droit d'intervenir dans l'article 490 ; comment, en effet, refuser le droit de se porter défendeur à celui qui, aussitôt après le jugement de main-levée, pourrait demander la nomination d'un conseil judiciaire ? Si le prodigue n'a pas de parents connus, le ministère public pourra appeler du jugement de main-levée (arg. des art. 491 et 514 combinés); il pourra le faire lors même qu'en première instance il aurait conclu à la main-levée du conseil (Poitiers, 5 août 183?).

La seule personne à qui nous refusions le droit de se porter défendeur à la demande en main-levée de conseil, c'est le conseil judiciaire. On ne saurait l'assimiler au tuteur de l'interdit chargé de veiller aux intérêts de son pupille (art. 450, 509 combinés) et dont le devoir est de s'opposer à ce qu'on lui rende sa capacité avant qu'il n'ait recouvré toute sa raison. Les attributions du conseil judiciaire ne sont pas aussi étendues. La loi lui donne seulement le droit d'assister le prodigue dans certains actes, ou de lui refuser son assistance lorsqu'il pense que ces actes seraient ruineux. Elle ne lui confie nullement le soin de la personne du prodigue.

Nous n'avons rien à dire de la procédure de la demande en main-levée de conseil, elle est identique à la procédure de la demande de conseil (art. 514-2°). Cependant, il est utile de faire observer que le prodigue seul a le droit de demander la main-levée de son conseil, comme seul il avait le droit de défendre à la demande en nomination de conseil. Nous rejetterons donc un arrêt de la Cour de Rennes du 16 août 1838, qui reconnaît à la femme du prodigue le droit de demander la main-levée du conseil donné à son mari.

POSITIONS.

DROIT ROMAIN.

I. Les lois 12 § 2 *de judiciis* et 39 pr. *eod. tit.* (Dig.), s'accordent.

II. Les lois 22 § 8 et 9 (Dig.), *soluto matrim. dos quemad. petatur* et 4 *de divortiis* (Dig.), s'accordent.

III. On ne peut concilier la loi 5 *de interdict. matrim. inter pupill. et* (Cod.) et le § 2 *qui testam. tutor* (Inst.).

IV. La loi 3 *de curat. furios.* (Cod.) ne veut pas dire qu'il fût nécessaire de nommer un curateur au fou pour faire annuler ses actes.

V. Le délai dans lequel on devait demander la possession de biens *edictalis*, ne courait pas contre le fou.

VI. Le paragraphe de la loi des Douze Tables qui frappait d'incapacité le prodigue, ne nous est pas parvenu.

VII. L'incapacité du prodigue ne commençait que du jour où il avait été interdit par le préteur.

VIII. Il faut lire la loi 15 *de curat. furios.* (Dig.) ainsi : *moribus interdicitur,* et non *maribus.*

IX. Les lois 40 *de reg. juris* et 6 *de verb. oblig.* s'accordent.

X. Le prodigue, pas plus que le fou, ne peut contracter d'obligations naturelles.

XI. Sous Justinien, il y avait encore des curateurs légitimes.

XII. La loi 10 § 1 *de curat. furios.* et 35 de *adq. rer. domin.* s'accordent.

DROIT FRANCAIS.

I. On peut nommer un conseil judiciaire à un mineur.

II. On ne peut demander pour soi-même un conseil judiciaire.

III. Le tribunal ne peut nommer un conseil provisoire au prodigue.

IV. La femme ne peut être nommée conseil judiciaire de son mari.

V. La charge de conseil judiciaire n'est pas obligatoire.

VI. Le conseil judiciaire ne peut demander l'annulation des actes du prodigue.

VII. La prescription de l'article 1304 ne court pas contre le prodigue avant la main-levée de son conseil.

VIII. Le prodigue ne peut être commerçant.

IX. Il ne peut, sans l'assistance de son conseil, accepter, refuser, partager une succession.

X. Il ne peut faire seul des donations entre vifs.

XI. Le prodigue ne peut faire seul des donations à son futur conjoint par contrat de mariage.

XII. Quand le prodigue se marie sans contrat, il est soumis au régime de la communauté.

XIII. Le prodigue ne peut renoncer seul à une prescription acquise.

DROIT DES GENS.

I. C'est au capteur de prouver que les objets confisqués sont de bonne prise.

II. Les neutres peuvent faire le cabotage sur les côtes des belligérants, excepté lorsqu'il y a blocus effectif.

HISTOIRE DU DROIT.

Loyseau se trompe lorsqu'il dit que les seigneurs usurpèrent leurs justices à l'avénement de la troisième race.

Il n'est pas exact de dire, comme le fait Montesquieu, que la justice était de la nature du fief, qu'elle fut dans les fiefs anciens et dans les fiefs nouveaux un droit inhèrent au fief même, un droit lucratif qui en faisait partie.

DROIT CRIMINEL.

Le jour du délit compte dans la prescription criminelle.

L'action civile se prescrit en même temps que l'action publique.

Vu par le Président de la Thèse,
C. A. PELLAT.

Vu par nous, inspecteur général délégué,
CH. GIRAULT.

Vu et permis d'imprimer :
Le Vice-Recteur de l'Académie de Paris,
A. MOURIER.

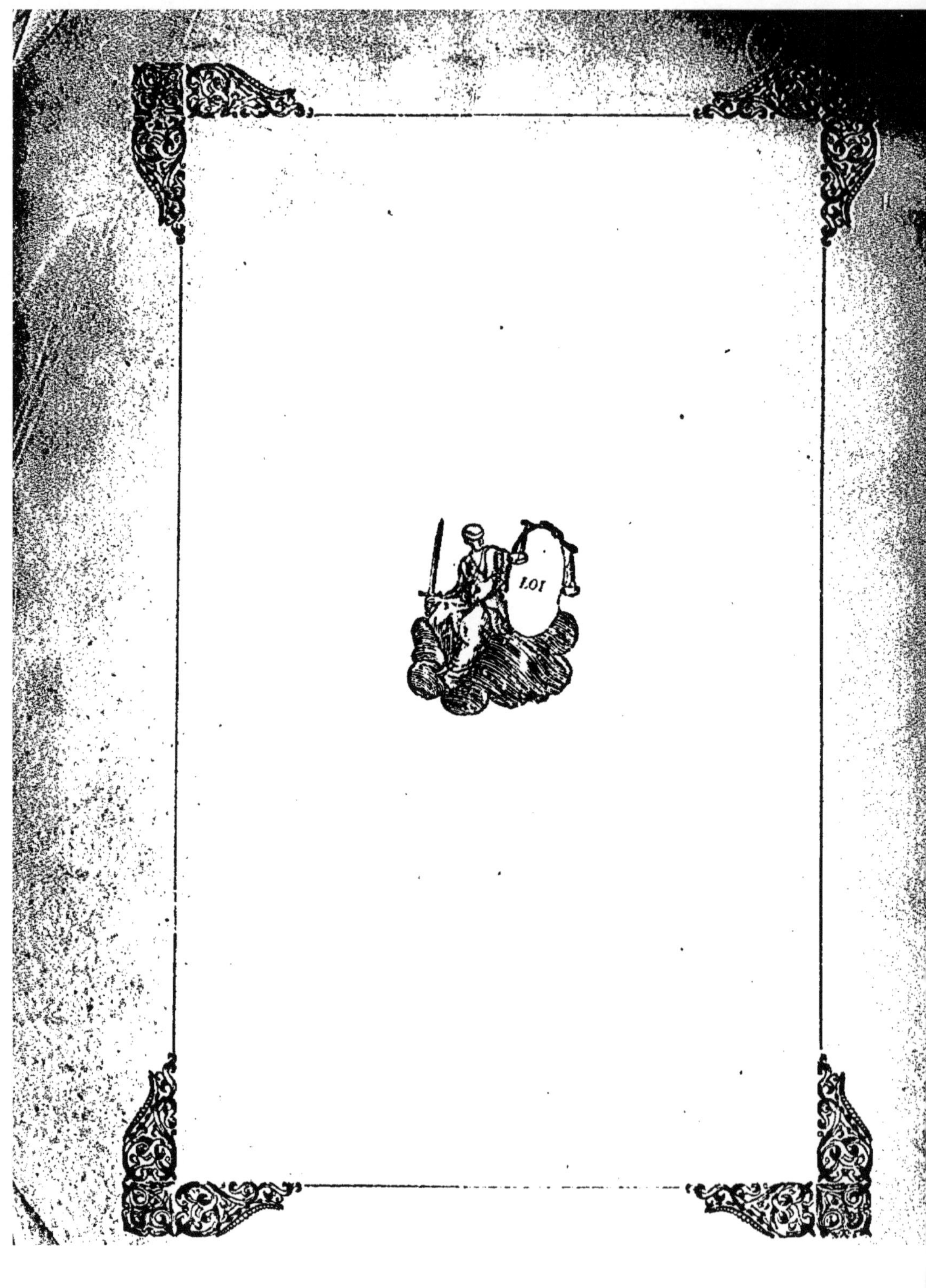

www.ingramcontent.com/pod-product-compliance
Ingram Content Group UK Ltd.
Pitfield, Milton Keynes, MK11 3LW, UK
UKHW020924140726
13695UKWH00003B/963